胡适作品系列

胡适作品系列

为什么读书：
胡适演讲集（三）

北京大学出版社
PEKING UNIVERSITY PRESS

图书在版编目（CIP）数据

为什么读书：胡适演讲集（三）/胡适著. —北京：北京大学出版社，2013.8

（胡适作品系列）

ISBN 978-7-301-22197-6

I.①为… II.①胡… III.①胡适（1891～1962）－演讲－文集 IV.①C52

中国版本图书馆 CIP 数据核字（2013）第 030419 号

| 书　　　　名：为什么读书：胡适演讲集（三）
| 著 作 责 任 者：胡　适　著
| 责 任 编 辑：张文礼
| 标 准 书 号：ISBN 978-7-301-22197-6/I·2595
| 出 版 发 行：北京大学出版社
| 地　　　　址：北京市海淀区成府路 205 号　100871
| 网　　　　址：http://www.pup.cn　新浪官方微博：@北京大学出版社
| 电 子 信 箱：pkuwsz@126.com
| 电　　　　话：邮购部 62752015　发行部 62750672
| 编辑部 62767315　出版部 62754962
| 印　　刷　者：北京中科印刷有限公司
| 经　　销　者：新华书店
| 890 毫米×1240 毫米　32 开本　8.625 印张　158 千字
| 2013 年 8 月第 1 版　2021 年 5 月第 6 次印刷
| 定　　　　价：49.00 元

未经许可，不得以任何方式复制或抄袭本书之部分或全部内容。
版权所有，侵权必究
举报电话：010-62752024　电子信箱：fd@pup.pku.edu.cn

1958年12月17日,胡适在南港住所书房校阅罗尔纲的《师门五年记》。

1958年5月,胡适题字时留影。右为秘书胡颂平。

杜威与第二任妻子罗维兹（Roberto Lowitz）送给胡适的亲笔签名照。

1952年11月19日,胡适抵台时在台北松山机场与来接机的中国公学校友合影。

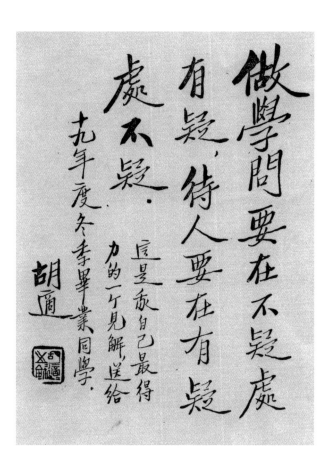

胡适手迹，这是他喜欢的一句话。

胡适在查阅资料。

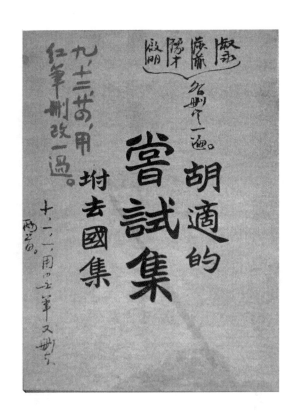

1920年3月《尝试集》由上海亚东图书馆出版。封面有胡适的手迹。

1924年11月《胡适文存二集》由上海亚东图书馆出版。

1927年12月,胡适在东亚同文书院演讲时与日本翻译铃木择郎合影。

胡适为《北京大学五十周年纪念专刊》题字。

出版说明

胡适是二十世纪中国最具国际声誉的学者、思想家和教育家。他在文、史、哲等学科都取得了巨大的成就,是"五四"以来影响中国文化学术最深的历史人物。他活跃于社会政治领域,是中国自由主义最具诠释力的思想家。胡适在北京大学从事教学工作长达十八年,曾任北京大学文学院院长、校长等职。他对北大情有独钟,遗嘱中交代将他留在大陆的书籍和文件捐赠给北大图书馆。为反映这位文化巨人一生博大精深的文化建树,本社在北大百年校庆的1998年曾隆重推出一套大型胡适作品集——《胡适文集》(12册),对所收作品均作了文字订正和校勘,其中有一部分作品,采用了胡适本人后来的校订本或北大的收藏本,具有很高的文献价值,受到学界和广大读者的欢迎。

因文集早已售缺,多年来,一直有要求重印的呼声。此次重印,此套书的编者欧阳哲生先生又精心做了许多工作,包括对照已出各种版本的优长,重核胡适本人原始和修订版的文字等,力求呈现最接近大师本人原意的文字面貌。为方便读者阅读,我们从《胡适文集》之中精选部分内容,另外推出"胡适作品系列"。

胡适曾说,哲学是他的职业,文学是他的兴趣,政治是他的义务。演讲应是他传达思想信念的工具。胡适早在康奈尔大学二年级时就选修演讲技巧的课程,自此培养出对演说的兴趣,开始了长达四五十年的讲演生涯。胡适是一位擅长演讲的大师,梁实秋称誉胡适的演讲具有"邱吉尔风度",他的演讲题材从说教的人生意义话题,到枯燥的学术问题辨析,从敏感的政治文化热点问题,到冷僻的个案研究介绍,胡适都能通过一场生动、通俗的演讲,打动周围的听众,使听过他讲话的人对他永生难忘。本书主要收录与哲学、读书、大学有关的演讲、谈话记录或讲稿。

由于所处环境不同,研究视角与方法不同,本书对某些具体问题的描述和解释,与通行说法有不尽相同之处,对这些说法,我们未作删改,这并不代表我们完全同意作者的说法,请读者在阅读时认真鉴别。本书的人名、地名、标点等,有的与现行用法不同,为保存原貌,亦未加修改。

限于编辑水平,难免存在错漏之处,欢迎读者多提宝贵意见。

北京大学出版社
2013年5月

目 录

为什么读书 / 1
治学方法 / 10
读书的习惯重于方法 / 19
智识的准备 / 21
大学教育与科学研究 / 33
考试与教育 / 38
选科与择业 / 47
教育学生培养兴趣 / 55
回忆中国公学 / 61
中学生的修养与择业 / 66
谈谈大学 / 77
找书的快乐 / 81
教师的模范 / 89
中国教育史的资料 / 92

谈谈实验主义	/ 95
中国哲学的线索	/ 103
从历史上看哲学是什么	/ 110
思想的方法	/ 116
哲学的将来（提要）	/ 122
儒教的使命	/ 125
颜习斋哲学及其与程朱陆王之异同	/ 132
谈谈中国思想史	/ 141
杜威哲学	/ 145
禅宗史的一个新看法	/ 178
提高与普及	/ 194
学生与社会	/ 198
在北大学潮平定后之师生大会上的讲话	/ 206
书院制史略	/ 208
学术救国	/ 215
中国书的收集法	/ 220
新文化运动与教育问题	/ 239
在北大开学典礼会上的讲话	/ 244
在北大成立二十五周年纪念会上的讲话	/ 247
在北大开学典礼上的致词	/ 250
在北大工学院四十四周年纪念会上的讲话	/ 254
在北京大学六十二周年校庆纪念会上的演说词	/ 259

为什么读书

青年会叫我在未离南方赴北方之前在这里谈谈,我很高兴,题目是为什么读书。现在读书运动大会[1]开始,青年会拣定了三个演讲题目。我看第二题目怎样读书很有兴味,第三题目读什么书[2]更有兴味,第一题目无法讲,为什么读书,连小孩子都知道,讲起来很难为情,而且也讲不好。所以我今天讲这个题目,不免要侵犯其余两个题目的范围,不过我仍旧要为其余两位演讲的人留一些余地。现在我就把这个题目来试一下看。我从前也有过一次关于读书的演讲,后来我把那篇演讲录略事修改,编入三集《文存》里面,那篇

---

[1] "读书运动大会",上海青年会智育部干事沈嗣庄发起。会务设在青年会二楼。会期自11月6至9日止。
[2] 《读什么书》当时讲者为王云五先生。

文章题目叫做《读书》[1]，其内容性质较近于第二题目，诸位可以拿来参考。今天我就来试试为什么读书这个题目。

从前有一位大哲学家[2]做了一篇《读书乐》，说到读书的好处，他说："书中自有千钟粟，书中自有黄金屋，书中自有颜如玉。"这意思就是说，读了书可以做大官，获厚禄，可以不至于住茅草房子，可以娶得年轻的漂亮太太（台下哄笑）。诸位听了笑起来，足见诸位对于这位哲学家所说的话不十分满意，现在我就讲所以要读书的别的原因。

为什么要读书？有三点可以讲：第一，因为书是过去已经知道的智识学问和经验的一种记录，我们读书便是要接受这人类的遗产；第二，为要读书而读书，读了书便可以多读书；第三，读书可以帮助我们解决困难，应付环境，并可获得思想材料的来源。我一踏进青年会的大门，就看见许多关于读书的标语。为什么读书？大概诸位看了这些标语就都已知道了，现在我就把以上三点更详细的说一说。

第一，因为书是代表人类老祖宗传给我们的智识的遗产，我们接受了这遗产，以此为基础，可以继续发荣光大，

---

[1] 《读书》此篇已选入敝局初中活叶文选第100号。
[2] "一位大哲学家"疑为朱柏庐。惟宋真宗《劝学篇》中亦有此数语。其全文云："富家不用买良田，书中自有千钟粟；安居不可架高堂，书中自有黄金屋；娶妻莫恨无良媒，书中有女颜如玉。出门莫恨无人随，书中车马多如簇。男女欲遂平生志，五经勤向窗前读。"

更在这基础之上，建立更高深更伟大的智识。人类之所以与别的动物不同，就是因为人有语言文字，可以把智识传给别人，又传至后人，再加以印刷术的发明，许多书报便印了出来。人的脑很大，与猴不同，人能造出语言，后来更进一步而有文字，又能刻木刻字；所以人最大的贡献就是〔留下〕过去的智识和经验，使后人可以节省许多脑力。非洲野蛮人在山野中遇见鹿，他们就画了一个人和一只鹿以代信，给后面的人叫他们勿追。但是把智识和经验遗给儿孙有什么用处呢？这是有用处的，因为这是前人很好的教训。现在学校里各种教科，如物理、化学、历史、等等，都是根据几千年来进步的智识编纂成书的，一年，两年，或者三年，教完一科。自小学、中学，而至大学毕业，这十六年中所受的教育，都是代表我们老祖宗几千年来得来的智识学问和经验，所谓进化，就是叫人节省劳力，蜜蜂虽能筑巢，能发明，但传下来就只有这一点智识，没有继续去改革改良，以应付环境，没有做格外进一步的工作。人呢，达不到目的，就再去求进步，而以前人的智识学问和经验作参考。如果每样东西，要个个人从头学起，而不去利用过去的智识，那不是太麻烦吗？所以人有了这智识的遗产，就可以自己去成家立业，就可以缩短工作，使有余力做别的事。

第二点稍复杂，就是为读书而读书。读书不是那么容易的一件事情，不读书不能读书，要能读书才能多读书。好比戴了眼镜，小的可以放大，糊涂的可以看得清楚，远的可以变为近。读书也要戴眼镜。眼镜越好，读书的了解力也越大。王安石对曾子固说："读经而已，则不足以知经。"所以他对于本草，内经，小说，无所不读，这样对于经才可以明白一些。王安石说："致其知而后读。"

请你们注意，他不说读书以致知，却说，先致知而后读书。读书固然可以扩充知识；但知识越扩充了，读书的能力也越大。这便是"为读书而读书"的意义。

试举《诗经》作一个例子。从前的学者把《诗经》看作"美""刺"的圣书，越讲越不通。现在的人应该多预备几副好眼镜，人类学的眼镜，考古学的眼镜，文法学的眼镜，文学的眼镜。眼镜越多越好，越精越好。例如"野有死麕，白茅包之。有女怀春，吉士诱之"；我们若知道比较民俗学，便可以知道打了野兽送到女子家去求婚，是平常的事。又如"钟鼓乐之，琴瑟友之"，也不必说什么文王太姒，只可看作少年男子在女子的门口或窗下奏乐唱和，这也是很平常的事。再从文法方面来观察，像《诗经》里"之子于归"，"黄鸟于飞"，"凤凰于飞"的"于"字，[1] 此外，《诗经》里又有几

---

[1] "于字"参看《青年界》第四期胡适的《〈周南〉新解》。

百个的"维"字，还有许多"助词"，"语词"，这些都是有作用而无意义的虚字，但以前的人却从未注意及此。这些字若不明白，《诗经》便不能懂。再说在《墨子》一书里，有点光学、力学；又有点经济学。但你要懂得光学，才能懂得墨子所说的光；你要懂得各种智识，才能懂得《墨子》里一些最难懂的文句。总之，读书是为了要读书，多读书更可以读书。最大的毛病就在怕读书，怕读难书。越难读的书我们越要征服它们，把它们作为我们的奴隶或向导，我们才能够打倒难书，这才是我们的"读书乐"。若是我们有了基本的科学知识，那末，我们在读书时便能左右逢源。我再说一遍，读书的目的在于读书，要读书越多才可以读书越多。

第三点，读书可以帮助解决困难，应付环境，供给思想材料。知识是思想材料的来源。思想可分作五步。思想的起源是大的疑问。吃饭拉屎不用想，但逢着三叉路口，十字街头那样的环境，就发生困难了。走东或走西，这样做或是那样做，有了困难，才有思想。第二步要把问题弄清，究竟困难在那一点上。第三步才想到如何解决，这一步，俗话叫做出主意。但主意太多，都采用也不行，必须要挑选。但主意太少，或者竟全无主意，那就更没有办法了。第四步就是要选择一个假定的解决方法。要想到这一个方法能不能解决。若不能，那末，就换一个；若能，就行了。这好比开锁，这一个钥匙开不开,就换一个;假定是可以开的,那末,问题就解决了。第五步就是证实。凡是有条理的思想都要经过这步,或是逃不了这五个阶级。科学家要解决问题,侦探要侦探案件,多经过这五步。

这五步之中,第三步是最重要的关键。问题当前,全靠有主意(Ideas)。主意从哪儿来呢?从学问经验中来。没有智识的人,见了问题,两眼白瞪瞪,抓耳挠腮,一个主意都不来。学问丰富的人,见着困难问题,东一个主意,西一个主意,挤上来,涌上来,请求你录用。读书是过去智识学问经验的记录,而智识学问经验就是要用在这时候,所谓养军千日,用在一朝。否则,学问一些都没有,遇到困难就要糊涂起来。例如达尔文把生物变迁现象研究了几十年,却想不出一个原则去整统他的材料。后来无意中看到马尔萨斯的人口论,说人口是按照几何学级数一倍一倍的增加,粮食是按照数学级数增加,达尔文研究了这原则,忽然触机,就把这原则应用到生物学上去,创了物竞天择的学说。读了经济学的书,可以得着一个解决生物学上的困难问题,这便是读书的功用。古人说:"开卷有益",正是此意。读书不是单为文凭功名,只因为书中可以供给学问知识,可以帮助我们解决困难,可以帮助我们思想。又譬如从前的人以为地球是世界的中心,后来天文学家科白尼却主张太阳是世界的中心,绕着地球而行。据罗素说,科白尼所以这样的解说,是因为希腊人已经讲过这句话;假使希腊没有这句话,恐怕更不容易有人敢说这句话吧。这也是读书的好处。有一家书店印了一部旧小说叫做《醒世姻缘》,要我作序。这部书是西周生所著的,印好在我家藏了六年,我还不曾考出西周生是谁,这部小说讲到婚姻问题,其内容是这样:有个好老婆,不知何故,后来忽然变坏,作者没有提及解决方法,也没有想到可以离婚,只说是前世作孽,因为在前世男虐待女,女就投生换样子,压迫者变为被压迫者。这种前世作孽,起先相爱,后来忽变的故事,我仿佛什么地方看见过。后来忽然想起《聊斋》一书中有一篇和这相类似的笔记,也是说到一个女子,起先怎样爱着她的丈夫,后来怎样变为凶太太,便想到这部小说大约是蒲留仙或是蒲留仙的朋友做的。去年我看到一本杂记,也说是蒲留仙做的,不过没有多大证据。今年我在北京,才找到了证据。这一件事可以解释刚才我所说的第二点,就是读书可以帮助读书,同时也可以解释第三点,就是读书可以供给出主意的来源。当初若是没有主意,到了逢着困难时便要手足无措,所以读书可以解决问题,就是军事、政治、财政、思想等问题,也都可以解决,这就是读书的用处。

我有一位朋友,有一次傍着灯看小说,洋灯装有油,但是不亮,因为灯芯短了。于是他想到《伊索寓言》里有一篇故事[1],说是一只老鸦要喝瓶中的水,因为瓶太小,得不到水,它就衔石投瓶中,水乃上来,这位朋友是懂得化学的,于是加水于灯中,油乃碰到灯芯。这是看《伊索寓言》给他看小说的帮助。读书好像用兵,养兵求其能用,否则即使坐拥十万二十万的大兵也没有用处,难道只好等他们"兵变"吗?

至于"读什么书",下次陈钟凡先生要讲演,今天我也附带的讲一讲。我从五岁起到了四十岁,读了三十五年的书。我可以很诚恳的说,中国旧籍是经不起读的。中国有五千年文化,四部的书已是汗牛充栋。究竟有几部书应该读,我也曾经想过。其中有条理有系统的精心结构之作,二千五百年以来恐怕只有半打。"集"是杂货店,"史"和"子"还是杂货店。至于"经",也只是杂货店,讲到内容,可以说没有一些东西可以给我们改进道德增进智识的帮助的。中国书不够读,我们要另开生路,辟殖民地,这条生路,就是每一个少年人必须至少要精通一种外国文字。读外国语要读到有乐而无苦,能做到这地步,书中便有无穷乐趣。希望大家不要怕读书,起初的确要查阅字典,但假使能下一年苦功,继续不断做去,那末,在一二年中定可开辟一

---

[1] 即《老鸦和水瓮》,见《伊所伯的寓言》(亚东版)第192面。

个乐园,还只怕求知的欲望太大,来不及读呢。我总算是老大哥,今天我就根据我过去三十五年读书的经验,给你们这一个临别的忠告。

(本文为1930年11月下旬胡适在上海青年会的演讲,文稿经胡适校正,原载1931年2月《现代学生》第1卷第5期)

治学方法

在这样的热天,承诸位特别跑到这里来听我来讲话,我是觉得非常的感激,青年会的几位先生,特地组织这一个青年读书互助会,并且发起这样一个演讲周,亦非常值得赞助,在我个人,以为能够几个青年,互相的团结起来,组织读书会,或者一人读一本书,拿心得贡献给其他的会员,或者几个人读一本书,将大家所得到的结果提出来互相讨论都是非常之好,非常之好的。可是请几个人来讲演,以为这样就达到了读书会的目的,做到了读书的目的,却是未必的,今天我来讲这个"治学方法",实在是勉强的,因为作作演讲并不是就是读书会的目的,而且这题目也空泛得无人可讲,我们知道,各种学问,都有他治学的方法,比如天文,地理,医学,社会科学,各有各的治学方法,而我居然说"治学方法",包括得如此其广,要讲起来那就是发疯,夸大狂,但是学问的种类虽是如此其多,贯于其中的一个"基本方法",却是普遍的,这个"基本方法",也可以说是,或者毋宁说是方法的习惯,是共同的,是普遍的,历史上无数在天文学上,在哲学上,在社会科学上,凡是有大成就的,都是因为有方法的习惯。

三百年以前,培根说了句很聪明的话,他说,世上治学的人可分为三种,那就是,第一蜘蛛式的,亦是靠自己肚子里分泌出丝来,把网作得很美很漂亮,也很有经纬,下点雨的时候,网上挂着雨丝,从侧面看过去,那种斜光也是很美。但是虽然好,那点学问却只是从他自己的肚子造出来的。第二种是蚂蚁式的,只知道集聚,这里有一颗米,把上三三两两的抬了去,死了一个苍蝇,也把它抬了去,在地洞里堆起很多东西,能消化不能消化却不管,有用没有用也是不管,这是勤力而理解不足。第三种是蜜蜂式的,这种最高,蜜蜂采了花去,更加上一度制造,取其精华而去其糟粕,是经过改造制造出新的成绩的。孔子说过,学而不思则罔,思而不学则殆。蜜蜂的方法,是又学又思,是理想的作学方法。

一个人有天才,自然能够使他的事业得到成功,然而有天才的人,却很少很少,天才不够的人,如果能用功,有方法的训练,虽然不敢说能够赶得上天才一样的成就大,而代替天才一部分,却是可以说的,至于那些各种科学上的大伟人,那差不多天才与功力相并相辅,是千万人中之一人。

现在说到本题,治学,第一步,我们所需要的是工具,种田要种田的工具,作工要作工的工具,打仗要有武器,也是工具。先要把工具弄好,才能开步走。治学最重要的工具就是自己的能力,基本能力,本国的语言文字,我们可以得到本国所有的东西,外国的语言文字,我们可以从中得到外国的智识,得到过去所集聚下来的东西,完全要靠这一方面。其他就是基本智识,从中学到大学,给了我们的都是这东西,这是一把总的钥匙,尽管我们不熟练于证一个几何三角,尽管我们不能知道物理化学各个细则,但是我们要在必需要应用到的时候能够拿来用,能够对这些有理解,再其次就是设备,无论是卖田卖地卖首饰,我们总要把最基本的设备弄齐全,一些应用的辞典,表册,目录,是必需的,同时,治学的人差不多是穷士居多,很多的书不能都买全,所以就要知道我们周围的,代替我们设备的有些什么,比如北平的图书馆,那里边有些什么书能够被我们所应用,比方说,协和医校制备些什么专门的书籍,以及某家藏有某种不易得到的秘典,某处有着某种我所需要的设备,这些这些,我们都要看清楚。

第二步就是习惯的养成,这可以分四点来讲,第一是不要懒，无论是作工也好，种田也好，都不要懒，懒是最要不得的，学问更其如此，多用眼，不要拿人家的眼当自己的眼，多用手，耳，甚至多用自己的脚，在需要的时候，就要自己去跑一趟，必须要用自己的眼看过，自己的耳听过，自己的手摸过，甚至自己的脚走到过，这样才能称是自己的东西，才真是自己得来的。如果你要懒，那就要大懒，不要小懒，那意思就是要一劳永逸，比如说我实在懒得不得了，字典又是这样的不好查，那我就自己去作一部字典出来，那以后就可以贯彻你的懒，字典拿起来，一翻就翻着，有种种的发明的人，不是大不懒就是大懒，比方说是佛教是什么，你必须自己去翻过书，比方说我今天要跑到这里来讲讲辨证法是什么，那你一定用过眼，手，脚。把问题弄清楚，作提要作札记，这样，即使你是错误的，然而这是你的，不是别人的。第二是不苟且，上海人所谓不拆烂污，我们要一个不放过，一句不放过，一点一画不放过。在数学上一个0不放过，光是会用手，用脚，那是毛手毛脚没有用，勤要勤得好不要勤得没有用，如果我有权能够命令诸位一定读那本书，我就要诸位读巴斯德传，他就是不苟且，他就是注意极小极小百万分千万分之一的东西，一坛酒坏了，巴斯德找出了原因是一点点小的霉菌的侵入，一次，蚕忽然都得了病差不多就损失到二万万佛郎，那原因就是在于一点点的百万分千万分之一的一个小黄点，那是要显微镜才能看得出来的，后来找着了病，又费了几年之力，又找着了它的治法，那就是蚕吐了丝之后，变蛹，变蛾，然后蛾再生卵，就用这个蛾钉起来，弄干，拿显微镜照，如果蛾的身上发现了那种极小极小的黄点，那这个蛾所产的卵都把它烧了，就用了这个方法，省去了无数的不必需的损失，这就是一点不放过，一点不放过才能找出病源，这是真确，这是细腻。第三就是不要轻于相信，要怀疑，要怀疑书，要怀疑人，要怀疑自己，不要轻于相信人家，"先小人而后君子"，所谓"三个不相信出个大圣人"我对这话非常佩服，所谓"打破砂锅问到底"，都是告诉我们要怀疑，不要太迷信了自己的手眼，要相信比我们手眼精确到一百万倍一千万倍的显微镜望远镜，不要轻于相信马克斯列宁，不要相信蔡元培，或者相信一个胡适之，无论有怎样大的名望的人，也许有错。为什么人家说六月六洗澡特别好，当铺里也要在六月六晒衣服，为什么？我们不要轻于相信有许多在我们脑子里的知识，许多小孩子时代由母亲哥哥姐姐，甚至老妈子洋车夫告诉给我们的，或者是学堂里的老师，阿毛阿狗告诉你的不一定对，王妈李妈也不一定对，周老师陈老师说的话也许有错，我们说"拿证据来"！鬼，我们自然不相信了，但是许多可信程度与鬼差不多的，我们还在相信，这不好。"三个不相信，出个大圣人"！这是谦卑,自以为满足了,那就不需要了,也就没有进步了,我们要有无穷尽的求知欲,要有无穷尽的虚,什么是虚?就是有空的地方,让新的东西进去。总上所说,习惯养成的大概就是如此。要有了习惯的养成,才能去做学问。

我们普遍都知道的有什么归纳法,演绎法,归纳是靠现成的材料把他集合起来,而演绎法则是由具体的事物推测到新的结果,打个比方,今天我们在协和大礼堂讲演,就拿本地风光治病来说,某病用某药,某病用某药,都是清清楚楚,但为什么这就是猩红热,而不是虎列拉,不是疟疾,那就是因为我们知道猩红热有某种某种症状归纳起来得出的结论,同时我们如果知道病理生理那我们就可以知道某部分损害了,就可以得出某种结果,就可以经旧的智识里得出新的结论,要做到这步必须要有广博的智识。古人说,开卷有益,古人留下来的一些现成东西我们为什么不去求?不仅是自己本行内的智识要去求,即是不与本行相反的也要去求,王荆公说:"致其知而后识"所以要博。墨子老子的书,从前有些不能懂,到了嘉庆年间算学的传入知道里边也有算学,随后光学力学传入,再以后逻辑学经济学传入,才知道墨子里边也有光学,也有力学,以及逻辑学经济学,越是知道得多,了解一个事物一个问题越深,头脑简单的人,拿起一个问题很好解决,比方说社会不好,那干脆来个革命,容易得很，等到知道得多一点，他解决的方法也就来得精密。巴斯德，他是学有机化学，发明霉菌，研究得深了，那这一学问就牵涉到一切的学问上去，和生理学地质学等等都可以发生关系，因为他博，所以蚕病了他可以治，酒酸了或者醋不酸了，他也可以治，其实他并没有研究过蚕酒学，动物学家也许不能治他却能治。据说牛顿发明"万有引力"，是因为见到苹果掉在地上，我们也都看见过苹果落在地上，可是我们就没有发明"万有引力"。巴斯德说过（讲学问我总喜欢说到巴斯德）："在考查研究范围之内，机会，帮助有准备的心"。牛顿的心是有准备的，我们则没有准备。从前我看察尔斯的《世界史纲》，觉得内容太博，这里一个定理，那里一个证明，抓来就能应用，真是左右逢源，俯拾即是。其次，我们就要追求问题，一些有创造有发明的人，都是从追求问题而来，如果诸位说先生不给问题，你们要打倒先生，学校里没有书设备给你们解决问题，要打倒学校，这是千对万对，我是非常赞成，就是因为追求问题是千对万对，我举一个例，有一天我上庐山，领了一个小孩，那小孩有七八岁，当时我带了一付骨牌，三十二张的骨牌，预备过五关消遣，那小孩就拿骨牌在那里接龙，他告诉我把三十二牌接起来，一定一头是二，一头是五，我问他试过几回吗，他说试过几回，我一试，居然也如此，这就是能提出问题，宇宙间的问题，多得很，只要能出问题，终究就能得到结果，自然骨牌的问题是很好解决，就是牌里面只有二头与五头是单数，其他都是双数，问题发生，就得到新的发现，新的智识，有一次我给学生考逻辑学，我说，我只考你们一个问题，把过去你们以自己的经验解决了问题的一件事告诉我，其中一个答得很有意思。他晚上看小说，煤油灯忽然灭了，但是灯里面还有油，原因是灯带短吸不起油，这怎么办呢，小说不能看完，如果灯底下放两个铜子垫起来，煤油也仍是不会上来的，他后来忽然想起从先学校里讲过煤油是比水轻，所以他就在里边灌上水，油跑到上面，灯带吸着油，小说就看完了，这都是从实际里提出问题得到新的学问，所以无论是学工业，学农业，学经济，第一就是提出问题，第二就是提出许多假定的解决，第三就是提出假定解决人（甲、乙、丙），最后求得证实，如果你不能从旧的里面得出新的东西来，以前所学即是无用，所谓"养兵千日用在一朝"，就如我说煤油灯这一个故事。

最后还要说一点，书本子的路，我现在觉得是走不通了，那只能给少数的人，作文学，作历史用的，我们现在所缺的，是动手，报纸上宣传着学校里要取消文科法科，那不过是纸上谈兵，事实上办不到，如果能够办到，我是非常赞成，我们宁可能够打钉打铁，目不识丁，不要紧，只是在书堆里钻,在纸堆里钻,就只能作作像。我胡适之这样的考据家,一点用没有。中国学问并不是比外国人差,其实也很精密,可是中国的顾亭林等学者在那里考证音韵,为了考证古时这个字,读这个音不是读那个音,不惜举上一百六七十个例!可是外国牛顿,他们都在注意苹果掉地,在发明望远镜,显微镜,看天看地,看大看到无穷,看小也看到无穷,能和宇宙间的事物混作一片,那才是作学问的真方法。

  到这里差不多讲完了,在上面我举了培根所说的三个畜生,这里我再加上一对畜生,来比方治学的方法,你们都知道龟兔赛跑的故事,兔子虽然有天才,却不能像乌龟那样拼命的爬,所以达到目的的是乌龟而不是兔子,治学的方法也是如此,宁可我们没有天才拼命的努力,不可自恃天才去睡一大觉,宁可我们作乌龟,却不可去当兔子,所以我们的口号是:"兔子学不得,乌龟可学也!"自然最好是能够龟兔合而为一。

  (本文为1932年7月9日胡适在北平青年读书互助会的演讲,菁如记,原载1932年7月10日至12日北平《世界日报》)

读书的习惯重于方法

读书会进行的步骤,也可以说是采取的方式大概不外三种:

第一种是大家共同选定一本书本读,然后互相交换自己的心得及感想。

第二种是由下往上的自动方式,就是先由会员共同选定某一个专题,限定范围,再由指导者按此范围拟定详细节目,指定参考书籍。每人须于一定期限内作成报告。

第三种是先由导师拟定许多题目,再由各会员任意选定。研究完毕后写成报告。

至于读书的方法我已经讲了十多年,不过在目前我觉到读书全凭先养成好读书的习惯。读书无捷径,是没有什么简便省力的方法可言的。读书的习惯可分为三点:一是勤,二是慎,三是谦。

勤苦耐劳是成功的基础，做学问更不能欺己欺人，所以非勤不可。其次谨慎小心也是很需要的，清代的汉学家著名的如高邮王氏父子，段茂堂等的成功，都是遇事不肯轻易放过，旁人看不见的自己便可看见了。如今的放大几千万倍的显微镜，也不过想把从前看不见的东西现在都看见罢了。谦就是态度的谦虚，自己万不可先存一点成见，总要不分地域门户，一概虚心的加以考察后，再决定取舍。这三点都是很要紧的。

其次还有个买书的习惯也是必要的，闲时可多往书摊上逛逛，无论什么书都要去摸一摸，你的兴趣就是凭你伸手乱摸后才知道的。图书馆里虽有许多的书供你参考，然而这是不够的。因为你想往上圈画一下都不能。更不能随便的批写。所以至少像对于自己所学的有关的几本必备书籍，无论如何，就是少买一双皮鞋，这些书是非买不可的。

青年人要读书，不必先谈方法，要紧的是先养成好读书，好买书的习惯。

（原载1935年5月14日《大学新闻周报》）

智识的准备

一

在这个值得纪念的仪式完毕之后,你们就被列入少数特权分子之列——大学毕业生。今天并不是标示着人生一段时期的结束或完毕,而是一个新生活的开始,一个真正生活和真正充满责任的开端。

人家对你们作为大学毕业生的,总期望会与平常人有所不同,和大多数没有念过大学的人有所不同。他们预料你们言行会有怪异之处。

你们有些人或许不喜欢人家把你们目为与众不同、言行怪异的人。你们或许想要和群众混在一起,不分彼此。

让我们向你们保证,要回到群众中间,使人不分彼此,是一件容易做到的事。假如你们有这个愿望,你们随时都可以做到,你们随时都可以成为一个"好同伴",一个"易于相处的人",——而人们,包括你们自己,马上就会忘记你们曾经念过大学这回事。

虽然大学教育当然不该把我们造成为"势利之徒"和"古怪的人",可是我们大学毕业生一直保留一点儿与众不同的标志,却也不是一件坏事。这一点儿与众不同的标志,我相信,是任何学术机构的教育家所最希望造成的。

大学男女学生与众不同的这个标志是什么呢?多数教育家都很可能会同意的说,那是一个多少受过训练的脑筋,——一个多少有规律的思想方式——这会使得,也应当使得,受大学教育的人显出有些与众不同的地方。

一个头脑受过训练的人在看一件事是用批判和客观的态度,而且也用适当的智识学问为凭依。他不容许偏见和个人的利益来影响他的判断,和左右他的观点。他一直都是好奇的,但是他绝对不会轻易相信人。他并不仓卒的下结论,也不轻易的附和他人的意见,他宁愿耽搁一段时间,一直等到他有充分的时间来查考事实和证据后,才下结论。

总而言之,一个受过训练的头脑,就是对于易陷入于偏见、武断和盲目接受传统与权威的陷阱,存有戒心和疑惧。同时,一个受过训练的脑筋绝不是消极或是毁灭性的。他怀疑人并不是喜欢怀疑的缘故;也并不是认为"所有的话都有可疑之处，所有的判断都有虚假之处"。他之所以怀疑是为了想确切相信一件事。为了要根据更坚固的证据和更健全的推理为基础，来建立或重新建立信仰。

你们四年的研究和实验工作一定教过你们独立思考、客观判断、有系统的推理，和根据证据来相信某一件事的习惯。这些就是，也应当是，标示一个人是大学生的标志。就是这些特征才使你们显得"与众不同"和"怪异"，而这些特征可能会使你们不孚众望和不受欢迎，甚至为你们社会里大多数人所畏避和摒弃。

可是，这些有点令人烦恼的特点却是你们母校于你们居留在此时间中，所教导你们而为此最感觉自豪的事。这些求知习惯的训练，如果我没有判断错误的话，也就是你们在大学里有责任予以培养起来的，回家时从这个校园里所带走的，并且在你们整个一生和在你们一切各种活动中，所继续不断的实行和发展的。

伟大的英国科学家，同时也是哲学家的赫胥黎（Thomas H. Huxley）曾说过："一个人一生中最神圣的行为就是口里讲，内心深感觉到这句话：'我相信某件事是实在的。'紧附在那个行为上的是人生存在世上一切最大的报酬和一切最严重的责罚。"要成功的完成这一个"最神圣的行为"，那应用在判断、思考、和信仰上的思想训练和规律是必要的。

所以在这一个值得纪念的日子，你们必须问自己的第一个问题就是：我是否获得所期望于为一个受大学教育的我所该有的充分智识训练吗？我的头脑是否有充分的装备和准备来做赫胥黎所说的"一个人一生中最神圣的行为"？

二

我们必须要体会到"一个人一生中最神圣的行为"也同时是我们日常所需做的行为。另一个英国哲学家弥尔（John Stuart Mill）曾说过："各个人每天每时每刻都需要确切证实他所没有直接观察过的事情……法官、军事指挥官、航海人员、医师、农场经营者（我们还可以加上一般的公民和选民）的事，也不过是将证据加以判断，并按照判断采取行动……就根据他们做法（思考和推论）的优劣，就可决定他们是否尽其分内的职责。这是头脑所不停从事的职责。"

由于人人每日每时都需要思考，所以人在思考时，极容易流于疏忽，漠不关心，和习惯性的态度。大学教育毕竟难以教给我们一整套精通与永久适用的求知习惯，原因是其所需的时间远超过大学的四年。大学毕业生离开了他的实验室和图书馆，往往感觉到他已经工作得太劳累，思考得太辛苦，毕业后应当享受到一种可以不必求知的假期。他可能太忙或者太懒，而无法把他在大学里刚学到而还没有精通的智识训练继续下去。他可能不喜欢标榜自己为受过大学教育"好炫耀博学的人"。他可能发现讲幼稚的话与随和大众的反应是一种调剂，甚至是一种愉快的事。无论如何，大学毕业生离开大学之后，最普遍的危险就是溜回到怠惰和懒散方式的思考和信仰。

所以大学生离开学校后，最困难的问题就是如何继续培养精稔实验室研究的思考态度和技术，以便将这种思考的态度和技术扩展到他日常思想、生活，和各种活动上去。

天下没有一个普遍适用以提防这种懒病复发的公式。但是我们仍然想献给列位一个简单的妙计，这个妙计对我自己和对我的学生和朋友都很实用。

我所想要建议的是各个大学毕业生都应当有一个或两个或更多足以引起兴趣和好奇心的疑难问题，借以激起他的注意、研究、探讨、或实验的心思。你们大家都知道的，一切科学的成就都是由于一个疑难的问题碰巧激起某一个观察者的好奇心和想像力所促成的。有人说没有装备良好的图书馆和实验室是无法延续求知的兴趣。这句话是不确实的。请问亚基米德、伽利略、牛顿、法拉第，或者甚至达尔文或巴斯德究竟有什么实验室或图书馆的装备呢？一个大学毕业生所需要的仅是一些会激起他的好奇心，引起他的求知欲和挑激他的想法求解决的有趣的难题。那种挑激引发的性质就足够引致他搜集资料、触类旁通、设计工具，和建立简单而适用的试验和实验室。一个人对于一些引人好奇的难题不发生兴趣的话，就是处在设备良好的实验室和博物馆中，智识上也不会有任何发展。

四年的大学教育所给于我们的，毕业只不过是已经研究出来和尚未研究出来的学问浩瀚范围的一瞥而已。不管我们主修的是那一个科目，我们都不应当有自满的感觉，以为在我们专门科目范围内，已经没有不解决的问题存在。凡是离开母校大门而没有带一两个智识上的难题回家去，和一两个在他清醒时一直缠绕着他的问题，这个人的智识生活可以说是已经寿终正寝了。

这是我给你们的劝告：在这一个值得纪念的日子里，你们该花费几分钟，为你们自己列了一个智识的清单，假如没有一两个值得你们下决心解决的智识难题，就不轻易步入这个大世界。你们不能带走你们的教授，也不能带走学校的图书馆和实验室。可是你们带走几个难题。这些难题时刻都会使你们智识上的自满和怠惰下来的心受到困扰。除非你们向这些难题进攻，并加以解决，否则你们就一直不得安宁。那时候，你们看吧，在处理和解决这些小难题的时候，你们不但使你们思考和研究的技术逐渐纯熟和精稔，而且同时开拓出智识的新地平线并达到科学的新高峰。

三

这种一直有一些激起好奇心和兴趣疑难问题来刺激你们的小妙计有许多功用。这个妙计可使你们一生中对研究学问的兴趣永存不灭，可开展你们新嗜好的兴趣，把你们日常生活提高到超过惯性和苦闷的水准之上。常常在沉静的夜里，你们突然成功的解决了一个讨厌的难题而很希望叫醒你们的家人，对他们叫喊着说："我找到了，我找到了！"那时候给你们的是智识上的狂喜和很大的乐趣。

但是这种自找问题和解决问题方式最重要的用处，是在于用来训练我们的能力，磨练我们的智慧，而因此使我们能精稔实验与研究的方法和技术。对思考技术的精稔可能引使你们达到创造性的智识高峰；但是也同时会渐渐的普遍应用在你们整个生活上，并且使你们在处理日常活动时，成为比较懂得判断的人，会使你们成为更好的公民，更聪明的选民，更有智识的报纸读者，成为对于目前国家大事或国际大事一个更为胜任的评论者。

这个训练对于为一个民主国家里公民和选民的你们是特别重要的。你们所生活的时代是一片充满了惊心动魄事件的时代，一个势要毁灭你们政府和文化根基的战争时代。而从各方面拥集到你们身上的是强有力不让人批驳的思想形态，巧妙的宣传，以及随意歪曲的历史。希望你们在这个要把人弄得团团转的旋风世界中，要建立起你们〔的〕判断力，要下自己的决定，投你们的票，和尽你们的本分。

有人会警告你们要特别提高警觉，以提防邪恶宣传的侵袭。可是你们要怎样做才能防御宣传的侵入呢？因为那些警告你们的人本身往往就是职业的宣传员，只不过他们罐头上所用的是不同的商标；但这些罐头里照样是陈旧的和不准批驳的东西！

例如，有人告诉你们，上次世界大战所有一切唯心论的标语，像"为世界民主政治的安全而战"和"以战争来消弭战争"，这些话，都是想讨人欢喜的空谈和烟幕而已。但是揭露这件事的人也就是宣传者，他要我们全体都相信美国之参加上次世界大战是那些"担心美元英镑贬值"放高利贷者和发战争财者所促成的。

再看另一个例子。你们是在一个信仰所培养之下长大起来的。这些信仰就是相信你们的政府形式，属于人民的政府，尊敬个人的自由，特别是相信那保护思想、信仰、表达，和出版等自由的政府形式是人类最伟大的成就之一；但是我们这一代的新先知们却告诉你们说，民主的代议政府仅是资本主义制度下的一个必然的副产品，这个制度并没有实质的优点，也没有永恒的价值；他们又说个人的自由并不一定是人们所希求的；为了集体的福利和权力的利益起见，个人的自由应当视为次要的，甚至应当加以抑压下去的。

这些和许多其他相反的论调到处都可以看到听到，都想要迷惑你们的思想，麻木你们的行动。你们需要怎么样准备自己来对付一切所有这些相反的论调呢？当然不会是紧闭着眼睛不看，掩盖着耳朵不听吧。当然也不会躲在良好的古老传统信仰的后面求庇护吧，因为受攻击和挑衅的就是古老的传统本身。当然也不会是诚心诚意的接受这种陈腔烂调和不准批驳的思想和信仰的体系，因为这样一个教条式的思想体系可能使你们丢失了很多的独立思想，会束缚和奴役你们的思想，以致从此之后，你们在智识上说，仅是机械一个而已。

你们可能希望能保持精神上的平衡和宁静，能够运用你们自己的判断，唯一的方法就是训练你们的思想，精稔自由沉静思考的技术。使我们更充分了解智识训练的价值和功效的就是在这智识困惑和混乱的时代。这个训练会使我们能够找到真理——使我们获得自由的真理。

关于这种训练与技术，并没有什么神秘的地方。那就是你们在实验室所学到的，也就是你们最优秀的教师终生所从事，而在你们研究论文上所教你们的方法，那就是研究和实验的科学方法。也就是你要学习应用于解决我所劝你们时刻要找一两个疑难问题所用的同样方法。这个方法，如果训练得纯熟精通，会使我们能在思考我们每天必须面对有关社会、经济，和政治各项问题时，会更清楚，会更胜任的。

以其要素言，这个科学技术包括非常专心注意于各种建议、思想和理论，以及后果的控制和试验。一切思考是以考虑一个困惑的问题或情况开始的。所有一切能够解决这个困惑问题的假设都是受欢迎的。但是各个假设的论点却必须以在采用后可能产生的后果来作为适用与否的试验，凡是其后果最能满意克服原先困惑所在的假设，就可接受为最好和最真实的解决方法。这是一切自然、历史，和社会科学的思考要素。

人类最大的谬误，就是以为社会和政治问题简单得很，所以根本不需要科学方法的严格训练，而只要根据实际经验就可以判断，就可以解决。

但是事实却是刚刚相反的。社会与政治问题是关连着千千万万人命和福利的问题。就是由于这些极具复杂性和重要性的问题是十分困难的，所以使得这些问题到今日还没有办法以准确的定量衡量方法和试验与实验的精确方法来计量。甚至以最审慎的态度和用严格的方法无法保证绝无错误。但是这些困难却省免不了我们用尽一切审慎和批判的洞察力来处理这些庞大的社会和政治问题的必要。

两千五百年前某诸侯[1]问孔子说"一言而可以兴邦,……一言而丧邦有诸?"

想到社会与政治的问题,总会提醒我们关于向孔子请教的这两个问题,因为对社会与政治的思考必然会连带想起和计划整个国家,整个社会,或者整个世界的事。所以一切社会与政治理论在用以处理一个情况时,如果粗心大意或固守教条,严重的说来,可能有时候会促成预料不到的混乱、退步、战争、和毁灭,有时就真的是一言兴邦,一言丧邦。

刚就在前天,希特勒对他的军队发出一个命令,其中说到一句话:他要决定他的国家和人民未来一千年的命运!

但希特勒先生一个人是无法以个人的思想来决定千千万万人的生死问题。你们在这里所有的人需要考虑你们即将来临的本地与全国选举中有所选择,所有的人需要对和战问题表达意见,并不决定。是的,你们也会考虑到一个情况,你们在这个情况中的思考是正确,是错误,就会影响千千万万人的福利,也可能直接或间接的决定未来一千年世界与其文化的命运!

---

[1] 译者按:此处某诸侯乃指鲁定公。

所以为少数特权阶级的我们大学男女，严肃的和胜任的把自己准备好，以便像在今日的这个时代，这个世界，每日从事思考和判断，把我们自己训练好，以便作有责任心的思考，乃是我们神圣的任务。

有责任心的思考至少含着三个主要的要求：第一，把我们的事实加以证明，把证据加以考查；第二，如有差错，谦虚的承认错误，慎防偏见和武断；第三，愿意尽量彻底获致一切会随着我们观点和理论而来的可能后果，并且道德上对这些后果负责任。

怠惰的思考，容许个人和党团的因素不知不觉的影响我们的思考，接受陈腐和不加分析的思想为思考之前提，或者未能努力以获致可能后果，来试验一个人的思想是否正确等等就是智识上不负责任的表现。

你们是否充分准备来做这件在你们一生中最神圣的行动——有责任心的思考？

（本文为1941年6月胡适在美国普渡大学毕业典礼上的演讲，题为"Intellectual Preparedness"，郭博信译文收入胡颂平编撰：《胡适之先生年谱长编初稿》第5册）

大学教育与科学研究

方才进礼堂来，看大家都是有颜色的，我却是没颜色的。我在政治上没有颜色，在科学上也没有颜色。（鼓掌）我也可算是一个科学者，因为历史也算一种科学。凡是用一种严格的求真理的站在证据之上来立说来发现真理，凡拿证据发现事实，评判事实，这都是一种科学的。希望明年双十节，史学会也能参加这会，条子也许会是白颜色的。

我今天讲一个故事，希望给负责教育行政或负责各学会大学研究部门的先生们一点意见。我讲的题是大学教育与科学研究，不用说，科学研究是以大学为中心。在古代却以个人为出发点，以个人好奇心理，来造些粗糙器皿。还有，为什么科学发达起于欧洲呢？这一点很值得注意。对这虽有不少解释，可是我认为种种原因都不重要，最重要的是自中古以来留下好几十个大学。这些大学没有间断，如意大利伯罗尼亚大学，法国巴黎大学，英国牛津大学，剑桥大学等，这些都是远有一千年九百年或七八百年历史的，因此造成科学的革命。这些大学不断的继长增高，设备一天天增加，学风一天天养成，这样才有了科学研究。研究人员终身研究，可是研究人才是从大学出来的，他们所表现的精神是以真理求真理。这一个故事是讲美国在最近几十年当中造成了几个好大学。美国以前没有 University 只有 College，美国有名符其实的大学是在南北美战争以后。为什么在七十年当中，美国一个人创立了一个大学，从这一个人创立了大学，提倡了新的大学的见解，观念，组织，把美国高等教育革命，因而才有今天使美国成为学术研究中心呢？美国去年出版了两个纪念专集，一个是《威尔基专集》，一个是《基尔曼专集》。基尔曼（D.C. Gilman）创立了约翰斯·哈布金（Johns Hopkings University）大学，后来许多大学都跟他走，结果造成了今日美国学术领导的地位。大家听了这个故事，也许会从中得到一个 Stimulation。

"话说"九十四年前，有两个在耶尔学院的毕业生，一个是二十一岁的怀特，一个是二十五岁的基尔曼，那时美国驻苏公使令此二人作随员，一个作了三年多，一个作了两年多。怀特于三十五岁时做了康纳尔大学校长，基尔曼四十一岁作了堪尼佛纳亚大学校长，基氏未作长久，两年后就辞职了。当时在美国东部鲍尔梯玛城有一大富翁即哈布金，他在幼小时家穷，随母读书后去城内作买卖，因赚钱而开一公司，未几十年就当了财主。他在七十岁时立一遗嘱，要将所有遗产三百五十万美金分给一医学院和一大学作基金，1873年，他七十九岁时逝世，他的遗嘱生了效，翌年，即开始创办大学，当时董事会请哈佛大学校长艾利阿特（C. W. Eliot）康纳尔大学校长怀特和密士根大学校长安其耳来研究。那时以如此巨款办大学，真是空前的一件事，那时该校董事长的意思是要办一"大学"，可是请来的三位校长却劝他们要顾及环境，说什么南方不如北方文化高啦，办大学不是从空气里能生长的等语。后来，董事会请他们三人推选校长，三人却不约而同的选出基尔曼来当校长。基尔曼做了校长，他发表了他的见解说，应全力提倡高等学术，致力于提倡研究考据，把本科四年功课让给别的学校教，我们来办研究院，我们要选科学界最高人才，给他们最高待遇，然后严格选取好学生，使他们发展到学术最高地步，每年并督促研究生报告研究成绩，并给予出版发表机会。因为那时的高才的教授们，都在教学院的学识浅近的学生，或受书店委托编浅近的教科书，如果给他们安定的生活，最高的待遇，便可以专心从事更高深的研究。这时基尔曼四十四岁作该大学校长，并且，他决定了以下的政策：研究院外，办理附属本科，最初附属本科只二十三个学生，研究院五十多个，大约二与一之比，可是二十多年以后，研究院的学生到了四百多，附属本科仅一百多，却是四与一之比了。并且，第一步他聘请教授，第一位请的是希腊文教授费尔斯，四十五岁，第二位是物理学教授劳林，才二十八岁，第三位是数学教授塞尔威斯特，六十二岁，第四位是化学教授依洛宛斯，第五位是生物学教授纽尔马丁，第六位也是希腊拉丁文教授查尔马特斯。第二步他选了廿二个研究员，其中至少有十个以上成了大名，他的教授法，第一二年是背书，后二年讲演，自然科学也是讲演，第三步是创办科学刊物，这可算是美国发表科学刊物之始创。1876年，出版算学杂志，1880年创刊语言学杂志，以及历史政治学杂志，逻辑学杂志，医学杂志等八大杂志，而开始了研究风气。

以上这三件事使美国风云变色。在这里我再谈谈办医学研究的重要：这个大学开幕已十年，医学院尚未开办，但因投资铁路失败，鲍尔梯玛城之女人出来集款，愿担负五十万美金的开办费，但有一条件是医学院开放招收女生。

当这大学的方针发表后，全美青年震动，有一廿一岁之青年威尔其（Welch），刚毕业于纽约医科学校。那时无一校有实验室，他因欲入大学，1876年赴欧洲作三学期之研究，1878年回美国，可是找不到实验室。最后终找一小屋，这是第一个美国"病理学研究室",以廿五元开办。他作了五六年研究后,有一老人来找他,请他作哈布金医学院病理学教授,后并升任院长,创专任基本医学教授之制。而成立了医学研究所。

最后,基尔曼于1902年辞掉他已作了廿五年的校长,在那个典礼上,基尔曼讲演,他说:约翰斯哈布金给我们钱办大学,可是没有告诉我们大学的一个定义。我们要把创见的研究,作为大学的基础。这时,后来任美国总统,也是那个大学的第一班学生威尔逊站起来说:"你是美国第一个大学的创始者,你发现真理,提倡研究,不但是在我们学校有成绩,给世界大学也有影响。你创始了这师生合作的精神,你是伟大的。"同时,以前曾被邀参加创办大学意见的哈佛大学校长艾利阿特发表谈话,他说:你创立了研究院的大学,并且坚决的提高了全国各大学的学术研究,甚至连我们的哈佛研究院也受了你的影响,不得不用全体力量来发展研究。我要强调指出,大学在你领导之下是大成功,是提倡科学研究的创始,希望发现一点新知识,由此更引起新知识,这年轻的大学,有最多的成绩,我最后公开承认你的大学政策整个范围是对的。

(本文为1947年10月10日胡适在平津六科学团体联合年会上的演讲,原载1947年10月11日北平《世界日报》)

考试与教育

我在民国二十三年，曾在考试院住过几天，也在此会场讲过话，所以这次重来，非常愉快。尤其看到考试院的建筑没有被破坏，并知道今年参加高考的人数超过以前任何时期，现在交通如此不方便，而全国各大城市参加高考的人数，竟达万人以上（就在我们北大的课室中，也有不少的人在应试）。我感觉到，自民国二十年举行第一次考试以来，这十六年间，考试制度的基础已相当巩固。我是拥护考试制度的一个人，目睹考试制度的巩固，与应考人数的增多，至为高兴。

今天考试院的几位朋友，要我来谈谈考试与教育的问题。当然考试与教育，与学校，都有很深的关系。中国的考试制度，可算有二千多年历史。在汉朝初开国的几十年，本来没有书生担负政治上的重要责任。后来汉武帝的宰相公孙弘，向武帝建议两件大事：其一是"予博士以弟子"，因过去只有博士，而没有学生，公孙弘主张给博士收学生。每个博士给予学生十人，后来学生数目逐渐增加，至王莽时代，增至一万人。迨东汉中期，更增至三万人。

其二就是考试制度，公孙弘因见国家的法令与皇帝的诏书，不但百姓不能了解，甚至政府的官吏亦多不懂。故献议武帝，采用考试的办法，即指定若干经典为范围，凡能背诵一部的，便予以官吏职位。这是最早的考试制度，约在纪元前一百二十四年开始实行，到现在已经二千一百年。有了这种考试制度，便可以吸收学校训练出来的人才。风气一开，就另外产生一种私人创办的学校。在后汉时，此种学校达一百余所，各校学生有五六百人的，也有一二千人的。但因私人住宅无法容纳，所以在学校附近，就有许多做小买卖的商店应运而生，以供应学生的衣着和食宿。

其后学校的开办，主要的便是为适应此种考试制度而设，学校学生根据政府订定的标准，大家去努力竞争。最初应考的人，还有阶级的限制，就是只有士大夫阶级才能应试。后来这种阶级观念也打破了，只问是否及格，而不问来历。考试制度其后也逐渐改进，在唐朝时，还有人到处送自己的卷子，此种办法易影响主考人的观念，所以大家觉得不妥当，而加以禁止。到宋朝真宗时代，更采用密封糊名的办法，完全凭客观的成绩来录取人才。

由于考试制度的渐趋严密和阶级制度逐渐打破，所以无论出身如何寒微的人，都有应考的机会和出任官吏的可能。

以前我在外国，有人要我讲中国的考试制度，我便引用一个戏台上的故事，就是《鸿鸾禧》所描写的"金玉奴棒打薄情郎"。这个戏也许大家都看过，是叙述一个乞丐头儿金松的女儿金玉奴，在一个寒冷的冬天打开大门看见有人僵倒在地上，便和他父亲把这个人救活了。那个人是一位来京应试的穷书生，因为没有钱，又饥又饿，所以冻僵在门前。后来金玉奴请他父亲把他收留了，这个书生不久便做了金松的女婿，并且考中了进士，还不能做知县，只在县中做县尉县丞之类的小官。但是他做了官之后，总觉得当一个乞丐头的女婿没有面子，所以在上任的路上，便要设法解决他的太太。在一个月明星稀的晚上，他叫她走出船头，硬把她推下水去，但想不到金玉奴却被后面一只船的人救起来，这个船上的主人，便是那书生的上司，他询明情由，就收金玉奴为养女，等到那书生到差之后，仍将她嫁回给他。于是在洞房之夜，金玉奴便演出了棒打薄情郎这幕喜剧。

这个故事是说明那个时候的人，谁都可以参加考试和有膺选的机会，完全没有阶级的限制。这种以客观的标准和公开竞争的考试制度，打破了社会阶级的存在，同时也是保持中国两千多年来的统一安定的力量。

我认为中国到现在还是没有阶级存在的，穷富并不是阶级，因为有钱的人，可能因一次战争或投机失败而破产，贫穷的人，亦可以积累奋斗而致富，不像印度那样，有许多明显的阶级存在。我国的阶级观念，已为考试制度所打破。

再说考试制度对于国家的统一，也有很大的关系。从前的交通非常不便，不像现在到甘肃，到四川，坐飞机只化几个小时就可以到，并且还有火车汽车和轮船等交通工具。在古时那种阻塞的情形下，中央可以不用武力而委派各地以至边疆的官吏，来维持国家的统一达两千多年，这实在是有其内在的原因，就是由于考试制度的公开和公平。当时中央派至各地的官吏（现在称之为封建制度，我却认为并不怎样封建，因为不是带了许多兵马去的）皆由政府公开考选而来。政府考选人才，固然注意客观的标准，同时也顾及到各地的文化水准，因此录取的人员，并不偏于一方或一省，而普及全国。在文化水准低的地方，也可以发现天才，有天才的人，便可以考中状元，所以当选的机会各地是平等的。

同时还有一种回避的制度，就是本省的人不能任本省的官吏，而必须派往其他省份服务。有时候江南的人，派到西北去，有时候西北的人派到东南来。这种公道的办法，大家没有理由可以反对抵制。所以政府不用靠兵力和其他工具来统治地方，这是考试制度影响的结果。

今天我到考试院来，班门弄斧的说了一套关于考试制度的话，一定很多人不愿意听，所以我向大家告罪。

再说到本题来，即从汉朝以后，考试和教育的关系，那时候的学校，差不多都是为文官考试制度而设，迄至隋唐，流于以文取士的制度。本来考试内容，包含多种，除进士外，有天文、医学、法律、武艺等等，不过进士却成为特别注重的一科。进士是考诗经、词赋的，即是以创作文学为标准，社会的眼光，也特别重视这一科。有女儿的人家，要选进士为女婿，女子的理想丈夫，就是状元进士。这种社会风气，改变了考试的内容。本来古代考试，不单纯是做诗词或八股文章，不过因为后来大家看不起学法律和医药的人，觉得这种学问，并不是伟大的创作，而进士却能在严格的范围内来创作文学，当然应看作是天才了。社会这种要求，并不是没有道理，不过因为太看重进士，所以便偏于以进士科为考试制度的标准。

至王安石时，他想变更这种风气而提倡法治，研究法律。但是他失败以后，便依然回复到做八股文章，走上错误的道路。但这种错误是基于当时的社会背景的。

因为考试内容的改变，便影响到学校的教育。考试要用诗赋，学堂的教育便要讲诗赋，考试要用八股文章，学堂教育便要讲八股文章。社会的要求和小姐们的心理，影响了考试制度，考试制度也影响了学校教育的内容。

由进士科考取的人才，多数是天才，天才除了做诗赋和八股之外，当然还可以发挥其天才做其他的事业，所以这并不是完全失败的制度。此处并非说我同情进士制度（我是最反对做律诗和八股文的），不过我们要知道这是有历史背景的。

我近年来，在国外感觉到，中国文化对世界有一很大的贡献，就是这种文官考试制度。没有其他的民族和国家，其考试制度会有二千多年的历史的。我们即以隋唐到现在来说，已有一千四百年，唐朝迄今，有一千三百年，宋朝迄今，也有九百多年，没有别的国家，能有这样早的考试制度。我国以一个在山东牧豕出身的公孙弘先生，能于二千年前有这种见地，实在是件了不起的事。

再从世界的眼光来看，中国考试制度，也影响了别的国家。哈佛大学的《亚洲研究杂志》，前年刊登一篇北京大学教授丁士仪先生写的文章，题为"中国文官考试制度影响英国文官考试制度的研究"。丁先生特别搜寻英国国会一百多年来赞成和反对采用中国文官制度的历次讨论纪录，用作引证。并说明十八世纪（其实早在十七世纪）便有耶稣会的传教士介绍中国的历史文化和政治制度到欧洲，其中便曾有人提到中国的考试制度。首先在法国革命时（纪元1791年），法国革命政府宣布要用考试制度,这思想是受了中国影响的,不过后来革命政府失败,所以没有实现这个制度。其后这种思想,由欧洲大陆传入英国,英国当时有所谓"公理学派",主张改革政治,改革社会以谋取最大多数人类的最大幸福为目标(这个学派也可称为幸福主义学派),他们同样看重了中国的文官考试制度,主张英国也应加以采用。

后来英国议会讨论这个问题时,有赞成和反对的两派意见。赞成派的理由,是中国能维持几千年的统一局面,主要的是因为政府采用这种公开的客观的考试制度;反对派则认为中国自鸦片战争以来,历次对外打败仗,所以不应仿效中国的制度。由此可知无论赞成的和反对的,都承认这是中国发明的制度。

后来英国先在印度和缅甸试行这种制度,到十九世纪以后,再在国内施行。

其后德国也采用考试制度,不久复传到美国。这都是直接或间接受到中国的影响的。

在太平天国时代(十九世纪中叶),英国出版一本书叫做《中国人与中国革命》,这本书前面,有个附录,是一个英国官员向英政府及人民写的条陈,要求英国采用中国的文官考试制度。

由这些事例,可以看出中国文官考试制度影响之大,及其价值之被人重视，这也是我们中国对世界文化贡献的一件可以自夸的事。

现在我们的考试，已经不采用诗词了（考试院的各位先生平常作诗作词，不过是一种余兴），考试的内容已和世界各国相差无多。比之古代，虽然进步了很多，但是我们回过头看，现在却缺少了上面所讲过的社会上的心理期望。

现在人家择女婿，不以高考及格为条件的，小姐们的理想丈夫，也不是高考第一名的先生！现在大家所仰慕的，高考还不够，要留学生，顶好是个博士，而且是研究工程的，这是一个显明的事实。

尽管现在社会对考试制度已较民国二十年时，认识得清楚，参加考试人数也已增多，但是小姐们并不很看重高考及格的人员。我们不可忽视，小姐是有影响考试制度的相当权力的。

怎样才能使社会人士和小姐们养成对考试制度的重视呢？我还没有方案来答复大家这个问题。

我曾和戴院长谈过北京大学一个学生的故事。这个学生，今年毕业，是学法律的，中英文都很好，他的毕业论文，全篇用英文写成，故被目为该系成绩最优的一个。学校要留他当助教，他说"谢谢，我不干"。北平地方法院的首席检查官在学校兼课，也邀他到法院去帮忙，他也说："谢谢，我不干。"后来一查，他的毕业论文虽作了，却没有参加毕业考试，原来他到一个私立银行当研究生去了，他的薪津比敝校的校长还要多，他用不着参加考试，因为这个私立银行是不用铨叙的。

我有三十二张博士文凭（有一张是自己用功得来，另三十一张是名誉博士），又当了大学校长，但是我所拿的薪津，和一个银行练习生相差不多。我并不是拿钱做标准来较量，但是在这种状态之下，如何能使社会的人士对考试及格的人起一种信仰呢？

我希望各位在研究国内外各种高深学问之余，再抽时间看明朝以来三百年间流行的才子佳人小说，研究一下怎样才可以恢复过去社会上对考试制度敬重的心理，就算我出这个题目来考考大家。

（本文为1947年10月21日胡适在南京考试院的演讲，原载1947年10月24日《"中央"日报》）

选科与择业
台中农学院座谈会上答问

林一民院长：胡先生今天除了公开讲演外，并在国大联谊会，师范学校讲话，已经很累，本来不应该再要求胡先生讲话了。只以胡先生是学术界的权威，很难得这个机会，所以还是请胡先生指教。

胡适之先生：我从上月19日回到台北直到今天，差不多天天说话。昨天接到通知，是要我参加谈话会，所以没有准备，我也愿意听听各位先生的话。或者提出什么问题来讨论，或要我答复都可以，假使我不能答复的，钱校长、陈厅长、董教授，也可以帮助我答复。

林一民院长：前次听到教育部程部长说，我们有许多人在美国担任学术工作。详细情形如何？胡先生一定知道，请胡先生告诉我们。

胡适之先生：……今天留在国外的许多人才，如化学、物理学，差不多头等人才都在美国。最多的是航空工程，医学少一点。学人文科学和社会科学的，也有许多在美国。将来如何把这许多人才组织起来，联合起来，并请他们回国来工作，同时也给他们以合适的设备，合适的生活。这的确是当前的问题，杭先生、陈先生都在考虑这个问题。

今天我到这里，感到很惭愧。我当初是在美国纽约州康乃尔大学学农的，学了三个学期，请求改行，改到文科。从那时起，东摸西摸，到现在四十年了，不知道改的那一科。林院长说我是学术界的权威。其实我没有一项专门学问。哲学弄弄，文学弄弄，最近又回到《水经注》，成了学术界的流民。

农学院某教授问：第一，台湾国民教育发达，升学困难，毕业的学生只能有十分之一升学，至于初中毕业投考高中的，一万五千人当中只有二千五百人获取。于是发生两个问题：一、国民教育发达，如何扩大容纳？二、如何使他们就业？

第二，高等教育，应该从质方面找途径呢？抑从量方面找途径？

第三，胡先生研究考证学，是独到的心得，还是有师傅？

此外，胡先生的《哲学大纲》，中编、下编几时出版？

希望先读为快。

陈雪屏厅长：关于升学比例，不大符合，我作一个说明。台湾教育，最严重的问题，不错，一个是升学，一个是就业。在升学方面，历年来的预算，平均百分之三十，就是国民学校毕业接受中等学校教育的是百分之三十。国民学校毕业的学生，每年有增加，譬如去年十二万，今年增到十五万，明年可能增到十八万。而升学的数字，也是按年增加的。今天升学感到困难的，是台北、台中、台南、高雄几个大的都市。其他乡县升学的不到百分之十五，而台北市则达百分之六十。明年升学的预算，还是百分之三十。

胡适之先生：我很惭愧，《中国哲学史大纲》上编系民国八年二月出版，后两个月我的大儿子才出世，于今我的大儿子已三十三岁了，上编出版了三十三年，中下编尚无下文，许多朋友都问起我。我现拟以"中国中古思想史"及"中国近世思想史"作为《中国哲学史大纲》的中编下编。"中国中古思想史"差不多可完稿，整理后即出版，"中国近世思想史"，还有几个大的问题未曾获得解决，打算在一两年内完成它；趁头发不太白，体力不太衰时偿还三十三年前——写《中国哲学史大纲》上编时所许下的愿。

关于考证学的方法，我在台大的三次讲学中曾经提过。所谓考证学也可以说是治文史的方法，并没有什么秘诀，更不是三更半夜得过师傅的真传，只是在暗中摸索出来的；也就是我讲"治学方法"的结论"勤谨和缓"四字。——养成不拆烂污、不躲懒、不苟且、不武断、虚心、找证据、不急于发表的好习惯。

目前教育的偏枯，雪屏先生已解答了一部分；这个毛病世界各国都有，经济能力强的如美国，在一二十年前大学不过六百余所，最近增到一千余所，因第二次世界大战之后，美国政府颁布的"军人权利"中，订定退伍青年免费进大学肄业，故大学和专门学院大有增加，有许多还是利用活动房屋作教室和宿舍。

台湾大学在日据时代，学生不过二百至一千人，现在则有四千多人，在数年间，容纳学生的数额增加了四倍。刚才我所看到的台中师范学生的洋洋大观，也是很难得的，在困难的环境中教育能够做到这样的地步，已经是不容易了。

民国十一年我国改订新学制，我是起草人之一。将小学七年制改为六年，中学四年制改为六年制（三三制），而把大学预科取消，大学本科仍为四年，毕业后再进研究院。当时预定的中等教育分为普通教育与职业教育两条路（师范教育包括在职业教育内），中等教育的普通教育提倡多设初中，高中每省只限一所，后来因为政治上的大变动，和设立职业学校需有设备，需要较多的经费的关系，致未能收到"注重"的效果，且已设立的职业学校，因不能维持而日益减少，几等于零了。兼以当时的社会仍未脱离科举的思想，以进小学、中学、大学，比为中秀才、举人、进士，考普通中学的人多，设普通中学的也多；政府无严格限制的办法，复未予以严格监督，于是凡中学几皆设高中，把中学水准都降低了，这是起草教育新制时所始料不及的。

台湾国民学校的基础广大，超过大陆，职业学校和普通中学设备的规模也比大陆高明得多；台大和三个省立学院的教授，尤属人才济济。在我看来，目前的教育与五十年前我们受教育的时代比起来，已经是不可以道里计了。

陈雪屏厅长：投考的人数与录取的名额，相差很远，其最大的原因，是一个学生投考几个学校。假如把整个投考的人数与录取的作一个比例，相差并不太远。譬如今年高中毕业的学生六千四百多人，加上去年没有升学的，以及已经就业，或已就读于别的专科学校如行政专科学校，又以高中文凭来投考的，一共九千多人，不到一万。而录取的两千多人，加上军事学校一千九百人，还有国防医学院招考了一些人，一共约四千人，以过去大陆来比较，台湾学生今天升学的机会好得多了。

另一方面看看录取学生的成绩。前年工学院录取的学生平均二十六分。这样的成绩来学工科，是不是很好的现象？

所以应该提高程度，决定提高到平均四十分。今年台湾大学，就是以这个标准来录取。

又从今年招生考试的情形来看，有一个很可虑的现象。也是今后高等教育很可虑的一个现象。就是国文、英文、历史程度好的，不是投考文学院的学生，而是投考工学院理学院的学生。文理学院还有几系，只有几十个人投考，程度很差，没有法子录取。又台大农学院投考的学生，如照工学院的标准，只能录取八人，从宽才录取二十六人。台湾需要学农学的人，而且学农的人出国的机会很多，可是只能勉强录取二十六人，这种现象，不知道要用什么方法，才能纠正得过来。

胡适之先生：我在北大二十年，前后参加办理学生入学考试，由出题阅卷至放榜，不下十三四次之多，对学生投考情形，颇为了解。大概考理学院的平均四人取一，考文学院的八人取一，考法学院的十二人取一。顶好的考理工科，因为须数学程度好，次一点的考文学院，这些人多从家庭或教师中得到良好的国英文基础教育，考法学院的人最多，认为考政治经济法律，人人可以尝试。外国的情形也是如此，程度顶好的学生选工科，现在工科里最时髦的是航空工程，其次是物理，物理中最时髦的是原子能。这种现象，不知道有什么方法可以纠正？我个人觉得只有希望教育的领导人多方面向青年们开导，使他们明了选择专门学科与将来的职业是一件事，选科与将来的职业有两个标准：一个是社会的需要，一个是我配干什么？这两个标准中，第二个标准比第一个更重要，因为社会的需要是跟着时代变迁的，过去社会的职业普通多说三百六十行，现在的社会职业恐怕三千六百行、三万六千行都不止了，需要航空工程，需要原子能，也需要诗人、戏剧家、哲学家；做马桶、开水沟的卫生工程，也不可少。而个人兴之所近，力之所能的只有一行，天才高的最多不过二三行，怎能样样都能适合社会的需要呢？如果为了迎合社会需要，放弃个人兴之所近，成功的往往很少，故"社会需要"的标准应在其次，个人兴之所近，力之所能最重要。青年学生在选择学科时，切不要太迁就社会需要。

近年来中国的大学教育有一个缺点，便是必修科太多，选修科太少。大学里应该提倡选修科，使青年学生们可以自由挑选。

历史上有很多明显的例子，如西洋新科学的老祖宗伽利略，他的父亲是个数学家，因当时数学不得用，不喜欢伽利略学数学，要他学医。可是伽利略对于医学并不感兴趣，许多朋友见他的绘画很好，认为他有美术素养，多劝他学美术。当他正要改系的时候，某日偶在校内专为公爵们补习几何学的补习班里，偷听了一两个钟头的几何学，觉得大有兴趣，于是不学医不学画而专学他父亲不要他学的数学。结果，伽利略成了新天文学新物理学的老祖宗。选修科就有这样的好处！

选修科等于探险，在座的董作宾先生是世界有名的考古学家，假使你在探险中偶然听了董先生的课，而对考古学发生了兴趣，你就可能成了董作宾先生的一个好徒弟。

所以，教育的领导人应该教青年学生明了选择学科要注意两个标准：社会的需要和你能干什么？尤其要减少必修科，使青年学生可以有余力去作各种的试探，这样也许可以挽救偏枯的趋势。

（本文为1952年12月11日胡适在台中农学院座谈会上的答问，收入《胡适言论集》乙编）

教育学生培养兴趣
台北市中等以上学校校长座谈会上答问

问：现在一般优秀青年不愿受师范教育，就〔是〕受了师范教育的人，不愿从事教育工作，对这个现象，有什么办法补救？

答：世界各国一般都有此现象，因为教育界待遇，较之工厂公司及自由职业者要低，国外也如此。专门学师范的人才，常转业到别的方面去，对此我还不知道有何普通的解决方法。美国在战后曾通过一个法律，以保障军人权利，即大战时国家征调的军人，服役完毕后，政府要给他付学费，受四年大学教育。于是投这些退役军人之好，有许多后期预备学校，私立大学和专门职业学校的设立。在我前次回国时，因为有千多万服役军人，享有四年受教育权利——受大学教育，或者补完高中教育，于是大学由六百多个增加到一千多个。地方的职业专科学校也是一样的增多,这样一来,发生师资问题。在战时,又因为各种工厂需要人才,很多人又跑到工厂去做工,以致师资时时感到缺乏。这的确是一普遍问题,我也常常听到他们讨论这个问题。

记得上海有一年发生过交易所的狂热,一年中产生七十多个证券物品交易所。那时许多中学教员,都放弃学校工作,跑到交易所去,尤其教英文算学的,这是外面的职业引起他转业,所以有很多学堂受了影响。

问:现在台湾中等学校情形,大学也不免,就是课程相当繁重。并且要特别注重国文,所以整个时间都被课程占据,除了功课之外,还有两小时用在火车上。学生没有一点时间,让他自己摸索,扩充课外的知识,所以全省有十四万中学生,而几份中学生读物都失败了。学生根本没有时间读课外读物。

答:也许读物本身要负一点责任,它不能引起学生兴趣。我们做学生时,许多东西先生不许看,自己偷偷的看。关于大学的功课,三十年前我们在北京,就提倡选课制。大学选课制度是让学生减少必修课,增加选修课,让他多暗中摸索一点,扩大其研究兴趣。讲新教育要注重兴趣。所谓兴趣,不是进了学堂就算是最后兴趣。兴趣也要一点一点生长出来,范围一点一点的扩大。比方学音乐,中国的家庭,没有钢琴提琴，就是小孩子有此天才，有此兴趣，没有工具也不行。台湾的中小学教育，设备较大陆完善。如果把必修课时间减少一点，让他们活泼自动的去摸索，以养成兴趣，那么，成绩一定更好些。"得天下英才而教育之"，教育也是有一种兴趣的。美国对教育兴趣的培养，用许多方法，教育影片是其中的一个。由于电影教育的关系，也可以引起许多人对教育的兴趣。

现在新教育注重兴趣，我们的中等学校，兴趣范围太窄，应该力求扩大。我对中等教育是外行，不过我是从内地来的，总觉得台湾在三四十年中，打下了一个好的教育基础。日据时代，在别的方面也许是错误的，但是教育基础的确打得不错。我看台湾的小学中学建筑和设备，都比大陆高明，尤其中等职业学校。我们从前提倡职业教育，这个用手、用脚、用脑的教育虽然提倡过，但结果等于没有。大家都觉得职业教育难办，没有设备，没有机器，没有工厂。所以普通学校特别发达，办普通学校比较容易，政府又没有限制。台湾的情形，则比较好得多。职业学校的基础好，加上我们几年来自己的努力，在这环境之下，的确大有可为。

问：现在美国男子和女子教育有哪几点不同？

答：江校长这个问题确考倒了我。在我所读书的学堂，都是男女同学，如康乃尔大学，就是美国第一个男女同学最早的学校。以后哥伦比亚大学，本科只有几百人，分男女两部，而研究院的人比较多，完全男女同学，以我所看见的，看不出有什么大的区别。康乃尔的工学院方面，没有看到女生，其他在家政、护士医学方面女生特别多，很少有男护士。所有各科，都有女学生。在我做学生时，看见学工程的只有一个女的，后来就多了，在美国没有不许女子进去的学校，只有几个女学堂，不许男子进去。

问：胡先生在回国期间，对自由中国有何观感？

答：我到今天，回国刚一个月，此地朋友待我太好，天天要我用嘴吃饭喝酒和讲话，就没有用眼睛看，用耳朵听。用眼睛看的只有台大图书馆，甚至师范学院图书馆因为讲演后已经天黑，没有去看。只有在台中看了一天，看过两个电厂，和日月潭的风景，其他什么都没有看见。我回国时间很短，只能说一点普通观感，这个观感超过我没有回国之前的希望。就教育上说，的确超过我当初的希望，现在台湾有百多万学龄儿童，国民学校一年十几万的毕业生，有几万人去受中等教育，一个县份就有几个中学，在我的家乡，到现在，县里还没有一个中学。我此次到过南投彰化等县，一个县就有八个中学。并且不但中等学校如此，就大学教育，这几年来，也很发达。在日据时代，台湾的大学，只有几百学生，在这几百人之中，台湾籍学生占极少数，现在有一个国立大学，三个省立学院，人数都很多，在受教育的比例上，实在超过我的企望。同时学生也很活泼，我在彰化时，看到一千多学生赶火车，看到我来时，就临时集合在火车站要我说话。在农学院也是如此，大家集合要我说话，所以我看他们活泼，很高兴的和他们谈谈，讲了半点钟的话，觉得他们很活泼，很自由。

我看台湾的民主政治方面，因为教育发达，各县市民选的县市长和民选县市议会议长、议员，这些民选代表都不错。这几年实行民主政治，有此收效，恐怕是要归功于教育基础。这是我在很短时间内的一个普通粗浅的观察，觉得很满意，至少满意的程度超过我没有来以前的企望，所以我很高兴。诸位先生不要以为我所说的满意，只是恭维，的确我不是恭维，而是没有成见，虚心的看来的结果。

问：现在美国的学校教育与社会教育、家庭教育，如何配合？我们总配合不起来。

答：这个问题太大，我不是专门弄教育的，不学教育的不能答复这个大题目。我觉得这种配合总是不能完全满意。因为年轻的人，进学堂不一定有一定的宗旨。照规矩说，学的东西，不一定是社会或家庭需要的东西，一个学校也不一定为各个学生来适应家庭和社会的需要。总结还是一句话，要注重训练学生本能天才的发表，使他的知识能力有创造性,能应付新的问题,新的环境,我认为一切教育都应该如此,决不能为某种环境、某种家庭,去设想。

(本文为1952年12月19日胡适在台北市中等以上学校校长座谈会上的答问,原载1952年12月20日台北《"中央"日报》)

回忆中国公学
中国公学校友会欢迎会上讲词

今天我们的聚会，使我感到非常的高兴。在这里，能够会到民国以前的老师和老同学，我简直好像回到了母校，又成为它的老学生。

刚才主席谈到，我们的母校在"一二八事件"被毁了，我们的同学如像失去了母亲的孩子。对此，我亦深具同感。不过，在今天，不仅是我们的母校中国公学没有了，大陆所有的大学，也都遭受到同样的命运。有的学校被解散了，有的学校名字被取消了。这些学校的同学，也都受到我们同样的遭遇。

关于中国公学的复校工作，我过去未能多所尽力，实在很惭愧。但是，我觉得我们的母校自有它光荣的历史，不问我们的母校能否恢复，而它的历史是不朽的。如像北京大学,虽然一度改了名称,但对于它的历史并没有多大关系。我觉得,我们目前应做的工作,是发扬中国公学的历史价值,确定我们母校在中国革命史上和中国教育史上的地位。

我在《四十自述》这本回忆录里,曾详细叙述我在校的情形——我怎样进了中国公学,后来又怎样闹风潮,以至同朱经农一些同学另外办了一个新中国公学……,我写这一段的历史,很得力于赵健凡同学的帮助,因为他收集了好些我们在校里出版的《竞业旬报》。这上面有很多我写的文章和当时学校动态的记载,有人认为我《四十自述》记这一段文字,对于中国公学的历史很有帮助。

但我所写的,都是民元以前的事情,而且也不完整。我想,在我们母校创办人于右任先生的纪录里,在各位老师各位同学的记忆里,一定有很多宝贵的资料。像姚烈士为校务牺牲性命,像王云五先生当时的"小辫子"……,都可以写成很有价值,很有趣味的掌故,把它汇集起来编成为我们母校的"校史",作为永垂不朽的历史纪念。这对于中华民国的产生经过和中国教育制度的沿革,都将是很有价值的文献。

谈到中国公学和中国革命的关系,这实在有深厚的渊源。中国公学的创办,在表面上是因为一部分留日学生反对日本政府取缔留学生的规定,大家回到上海,自动的举办本校,但实际上,这批留学生都是革命党人。教员中有于右任先生,马君武先生……,这都是当时革命的中坚分子;同学中,大部分都参加了革命工作,如像但懋辛,熊克武……以及参加黄花岗之役的饶辅廷烈士,都是当时的同学。我当年年纪很轻,是同学中的"子供"(注:日语小孩之意),还留着一条辫子,不够革命,同学们认为我年岁小,也不强求我革命,大家都鼓励我做学问,但我却时常为学校的刊物写文章;同时,多少也为革命尽点微劳。我当时英语比较还好,记得有天夜晚已经就寝,同学们将我喊起来,要我到海关办交涉,因为有位留日的女学生从日本回国,为革命党运送武器,箱子藏有大批的手枪炸弹,被海关扣下来,我便冒险的前去交涉,但后来实在无法可想,只好不谈东西,将人营救出来作罢。可见当时的中国公学,实在便是革命的机关。一般师生多是革命党人。这对于中华民国的开国革命,实在有不少的贡献。

其次,谈到中国公学和中国教育制度以至民主的政治制度,也有很深切的关系。当时我们母校的教育制度,有着一点独特的作风,这种作风便是民主制度在教育上的试验,当时校内并不设校长,而由三位干事共同负责处理校务,成为学校"行政机关"。另外由全体同学推举班长,室长,实行自治,并且选举评议员,组织评议会,成为学校的"立法机关"。一切校务虽由干事负责执行，但必须先经评议会通过，完成"立法程序"。就是聘请教员，也得经过同学的同意。记得总统的岳父宋耀如老先生，曾经教过我们的英文。原先有几位英文教员，都不为同学欢迎而解聘，后来聘请宋老先生，始而同学对他的印象并不太好，但上了第一堂课之后，他读得好，讲得好，发音又好，大家方心悦诚服的接受他的教导。

后来我们闹风潮，另外办了一个新中国公学，也是为了争取教育制度的民主化。因为当时外界捐赠了学校一笔款子，建筑校舍，但要求学校设校长，废止评议会一类的学生自治办法。我们维护民主，反对这类办法，便另办一个新中公，王云五先生便是那时的教员，虽然新中公最后不能维持，仍然归并到一起，但这段为民主的教育制度而奋斗的历史，在中国教育史上也有其应有的地位。

在自由中国没有完成"复国"的工作之前，我们的"复校"工作自然也谈不到。但我建议：我们应该马上成立"校史委员会"，编撰我们母校——中国公学的校史，尤其是趁我们母校创办人于右任先生以及各位老师各位同学记忆犹新的时候，赶快逼着将他们记忆中的历史记录下来，这些宝贵的资料，将来是无法找寻的。中国公学的"校史"，实在可以算作中华民国开国史和中国教育制度沿革史的一部分，它的光荣，它的价值，将是不朽的，崇高的，只要让社会一般人士都认识我们母校的光荣历史，将来我们的"复校"工作，一定可以顺利的达成。

（本文为1952年12月23日胡适在中国公学校友会欢迎会上的演讲，原载1952年12月24日台北《"中央"日报》）

中学生的修养与择业

刚才吴县长报告了五十八年前我在此地的一段历史——我在三岁至四岁间，随先人在台东州住过一年多，在台南住过十个月——要我把台东看作第二家乡；昨天台南市市长也向台南市市民介绍我是台南人；这番盛意，我非常感谢！吴县长预备在这里要做纪念我先人的举动，实在不敢当。明天举行县议员选举，我将以不是候选人也不是选举人，冒充同乡，到各投票所去参观。

今天我看到了吴县长老太太，看到了她，我非常感动，她可算台东年龄最高的了，她与先母年龄相当，先母如在世，已经有七十九岁了。

我到这里不久，与县长、教育科长、校长等几位谈话，知道了台东的教育是在异常困难的情况下来推进的，我非常敬佩他们艰苦不移紧守岗位的坚毅意志，本来教育厅陈雪屏厅长预备与我们同来的,因台北有事,临时由台南赶回去了,不过教育厅还有一位视察杨日旭先生是同来的,我已经特地要他到各校去视察,并将视察结果报告教育厅,以使省府对台东的教育情形有所了解。

今天我应该讲些什么?事先曾请教吴县长,师范刘校长和同来的几位朋友,他们以今天到场的大多数是青年朋友们,也有青年朋友们的父兄,因此要我讲讲中等教育的东西。同时,我到过的地方,许多朋友常常问我中学生应注重什么?中学毕业后,升学的应该怎样选科?到社会里去的应该怎样择业?我是不懂教育的,不过年纪大些,并且自己也是经过中学大学出来的,同时看到朋友们与我们自己的子弟经过中学,得到一点认识,愿意将自己的认识提出来供大家的参考,今天讲的题目,就是:"中学生的修养与中学生的择业"。

中学生的修养应注重两点:

一、工具的求得 中学生大概是从十二岁的幼年到十八岁的青年,这个时期是决定他将来最重要的一个时期。求知识与做人、做事的工具,要在这个时期求得。古人说:"工欲善其事,必先利其器",中学生要将来有成就,便应该注意到"求工具"——学业上、事业上,求知识上所需要的工具。求工具的目标有二:一是中学毕业后无力升学要到社会里去就业；一是继续升学。

第一种工具是言语文字。不论就业升学，以我个人的经验和观察所得，语言文字是最需要的工具。在中学里不仅应该学好本国的语言文字，最好能多学一二种外国的语言文字。它是就业升学的钥匙，能为我们打开知识的门。多学得一种语言，等于辟开一个新的花园、新的世界。语言文字，可以说是中学时期应该求得的工具当中非常重要的了。在中学时期如果没有打好语言文字的基础，以后作学问非常的困难。而且过了这个时期，很少能够把语言文字弄好的。

第二种工具是科学的基本知识。许多人都说学了数学，将来没有什么用处，这是错误的。数学是自然科学重要的钥匙，如果不能把这个重要的钥匙——数学，与物理学、化学、生物学、矿物学、植物学等，在中学时期学好，则不能求得新的知识。所以中学时期最重要的，是把这些基本知识弄好。

青年们在学校里对于各种基本科学，不能当他是功课，是学校课程里面需要的功课，应该把它当成求知识、做学问、做人的工具，必不可少的工具。拿工具这个观念来看课程，课程便活了。拿工具这个观念来批评课程，可以得到一个标准。首先看看那些功课够得上作工具，并分出那些功课是求知识做学问的工具，那些功课是做人的工具。那些功课是重要，那些功课是次要。同时拿工具这个观念来督促自己，来分别轻重缓急，先生的教法，也可以拿工具这个观念来衡量，那种教法是死的笨的，请先生改良，那些应该特别注重，请先生注意。我这个话，不是叫学生对先生造反，而是请先生以工具来教，不要死板的照课本讲，这样推动先生，可以使得先生从没有精神提起精神，不是造反而是教学相长，不把功课当作功课看，把它当作必须的工具看。拿工具的观念看功课，功课便是活的。这一点也可以说是中学生治学的方法。

二、良好习惯的养成 良好习惯的养成，即普通所谓的人品教育，品性人格的陶冶。教育学家心理学家都告诉我们说：人品性格是习惯的养成，好的品格是好的习惯养成。中学生是定型的阶段，中学生时期与其注重治学方法，毋宁提倡良好习惯的养成。一个人的坏习惯在中学还可纠正，假使在中学里不能养成良好的习惯，这个人的前途便算完了，在大学里不会是个好学生，在社会里不会是个有用的人才。我愿在这里提醒青年学生们的注意，也请学生的父兄教师们注意。

我们的国家以前专注重文字教育，读书人的指甲蓄得很长，手脸都是白白的，行动是文绉绉的，读书可以从"学而时习之"背诵起，写文章摇摇摆摆地会写出许多好听的词句来，可是他们是无用的，不能动手，也不能动脚，连桌凳有一点坏了，也不能拿起斧头钉子来修理。这种只能背书写文章的读书人就是没有养成良好的习惯——动手动脚的习惯。

我在台湾大学讲"治学方法"时，讲到一个故事：宋时有一新进士请教老前辈做官的秘诀，老前辈告诉他四个字："勤谨和缓"。这四个字，大家称为做官秘诀，我把它看作做人、做事、做学问的秘诀。简单的分别说：

勤，就是不偷懒，不走捷径，要切切实实，辛辛苦苦的去作。要用眼睛的用眼睛。用手的用手，用脚的用脚，先生叫你找材料，你就到应该到的地方去找。叫你找标本，你就到田野，到树林里去找，无论在实验室里，自然界里，都不要偷懒，一点一滴的去作。

谨，就是谨慎，不粗心，不苟且。以江浙的俗话来说，不拆烂污。写字，一点、一横都不放过。写外国字，i的一点，t的一横，也一样的不放过。作数学，一个圈，一个小数点都不可苟且。不要以为这是小事情，作事关系天下的大事，作学问关系成败，所以细心谨慎，是必须要养成的习惯。

和，就是不要发脾气，不要武断。要虚心，要和和平平。什么叫做虚心？脑筋不存成见，不以成见来观察事，不以成见来对待人。就作学问来说：要以心平气和的态度来作化学、数学、历史、地理,并以心平气和的态度来学语文。无论对事、对人、对物、对问题、对真理,完全是虚心的,这叫做和。

　　缓,这个字很重要,缓的意思不要忙,不轻易下一个结论。如果没有缓的习惯,前面三个字都不容易做到。譬如找证据,这是很难的工作,如果要几点钟缴卷,就不能作到勤的工夫。忙于完成,证据不够,不管它了,这样就不能做到谨的工夫。匆匆忙忙的去作,当然不能做到和的工夫。所以证据不够,应该悬而不断,就是姑且挂在那里,悬而不断,并不是叫你搁下来不管,是要你勤,要你谨,要你和。缓,就是南方人说的"凉凉去吧",缓的意思,是要等着找到了充分的证据,然后根据事实来下判断。无论作学问、作事、作官、作议员,都是一样的。大家知道治花柳病的名药"六〇六"吧?什么叫"六〇六"呢?经过六百零六次的试验才成功的。"九一四"则试验了九百一十四次,达尔文的生物进化论,认为动植物的生存进化与环境有绝大的关系,也费了三十年的工夫,到四海去搜集标本和研究,并与朋友们往复讨论。朋友们都劝他发表,他仍然不肯。后来英国皇家学会收到另一位科学家华莱士的论文,其结论与达尔文的一样,朋友们才逼着达尔文把研究的结论公布,并提出与朋友们讨论的信件,来证明他早已获得结论,于是皇家学会才决定同华莱士的论文同时发表,达尔文这种持重的态度,不是缺点,是美德,这也是科学史上勤谨和缓的实例。值得我们去想想,作为榜样,尤其青年学生们要在中学里便养成这种好习惯。有了这种好习惯,无论是做人做事做学问,将来不怕没有成就。

中学生高中毕业后,面临的问题是继续升学或到社会去找职业。升学应如何选科?到社会去应如何择业?简单的说,有两个标准:

一、社会的标准　社会上所需要的,最易发财的,最时髦的是什么?这便是社会的标准。台湾大学钱校长告诉我说,今年台大招生,投考学生中外文成绩好的都投考工学院,尤其是考电机工程、机械工程的特多,考文史的则很少,因为目前社会需要工程师,学成后容易得到职业而且待遇好。这种情形,在外国也是一样的,外国最吃香的学科是原子能、物理学和航空工程,干这一行的,最受欢迎,最受优待。

二、个人的标准　所谓个人的标准,就是个人的兴趣、性情、天才近那门学科,适于那一行业。简单的说,能干什么。社会上需要工程师,学工程的固不忧失业,但个人的性情志趣是否与工程相合?父母兄长爱人都希望你学工程,而你的性情志趣,甚至天才,却近于诗词,小说,戏剧,文学，你如迁就父母兄长爱人之所好而去学工程，结果工程界里多了一个饭桶，国家社会失去了一个第一流的诗人、小说家、文学家、戏剧学家，不是可惜了吗？所以个人的标准比社会的标准重要。因为社会标准所需要的太多，中国人常说社会职业有三百六十行，这是以前的说法，现在何止三百六十行，也许三千六百行，三万六千行都有，三千六百行，三万六千行，行行都需要。社会上需要建筑工程师，需要水利工程师，需要电力工程师，也需要大诗人、大美术家、大法学家、大政治家，同时也需要做新式马桶的工人。能做新式马桶的，照样可以发财。社会上三万六千行，既是行行都需要，一个人决不可能会做每行的事，顶多会二三行，普通都只能会一行的。在这种情形之下，试问是社会的标准重要，还是个人的标准重要？当然是个人的重要！因此选科择业不要太注重社会上的需要，更不要迁就父母兄长爱人的所好。爸爸要你学赚钱的职业，妈妈要你学时髦的职业，爱人要你学社会上有地位的职业，你都不要管他，只问你自己的性情近乎什么？自己的天才力量能做什么？配作什么？要根据这些来决定。

　　历史上在这一方面，有很好的例子。意大利的伽俐略是科学的老祖宗，是新的天文学家，新的物理学家的老祖宗。他的父亲是一个数学家，当时学数学的人很倒楣。在伽俐略进大学的时候（三百多年前），他父亲因不喜欢数学，所以要他学医，可是他读医科，毫无兴趣，朋友们以他的绘画还不坏，认为他有美术天才，劝他改学美术，他自己也颇以为然。有一天他偶然走过雷积教授替公爵府里面作事的人补习几何学的课室，便去偷听，竟大感兴趣，于是医学不学了，画也不学了，改学他父亲不喜欢的数学。后来替全世界创立了新的天文学、新的物理学，这两门学问都建筑于数学之上。

最后说我个人到外国读书的经过，民国前二年，考取官费留美，家兄特从东三省赶到上海为我送行，以家道中落，要我学铁路工程，或矿冶工程，他认为学了这些回来，可以复兴家业，并替国家振兴实业。不要我学文学、哲学，也不要学做官的政治法律，说这是没有用的。当时我同许多人谈谈这个问题。以路矿都不感兴趣，为免辜负兄长的期望，决定选读农科，想做科学的农业家，以农报国。同时美国大学农科，是不收费的，可以节省官费的一部分，寄回补助家用。进农学院以后第三个星期，接到实验系主任的通知，要我到该系报到实习。报到以后，他问我："你有什么农场经验？"我说："我不是种田的。"他又问我："你作什么呢？"我说："我没有做什么，我要虚心来学，请先生教我。"先生答应说："好。"接着问我洗过马没有，要我洗马。我说："我们中国种田，是用牛不是用马。"先生说："不行。"于是学洗马，先生洗一半，我洗一半。随即学驾车，也是先生套一半，我套一半。作这些实习，还觉得有兴趣。下一个星期的实习，为包谷选种，一共有百多种，实习结果，两手起了泡，我仍能忍耐，继续下去，一个学期结束了，各种功课的成绩，都在八十五分以上。到了第二年，成绩仍旧维持到这个水准。依照学院的规定，各科成绩在八十五分以上的，可以多选两个学分的课程，于是增选了种果学。起初是剪树、接种、浇水、捉虫，这些工作，也还觉得有兴趣。在上种果学的第二星期，有两小时的实习苹果分类，一张长桌，每个位子分置了四十个不同种类的苹果，一把小刀，一本苹果分类册，学生们须根据每个苹果的长短、开花孔的深浅、颜色、形状、果味和脆软等标准，查对苹果分类册，分别其类别（那时美国苹果有四百多类，现恐有六百多类了），普通名称和学名。美国同学都是农家子弟，对于苹果的普通名称一看便知，只需在苹果分类册里查对学名，便可填表缴卷，费时甚短。我和一位郭姓同学则须一个一个的经过所有检别的手续，花了两小时半，只分类了二十个苹果，而且大部分是错的。晚上我对这种实习起了一种念头：我花了两小时半的时间，究竟是在干什么？中国连苹果种子都没有，我学它什么用处？自己的性情不相近，干吗学这个？这两个半钟头的苹果实习使我改行，于是，决定离开农科。放弃一年半的时间（这时我已上了一年半的课）牺牲了两年的学费，不但节省官费补助家用已不可能，维持学业很困难，以后我改学文科、学哲学、政治、经济、文学，在没有回国时，以前与朋友们讨论文学问题，引起了中国的文学革命运动，提倡白话，拿白话作文，作教育工具，这与农场经验没有关系，苹果学没有关系，是我那时的兴趣所在。我的玩意儿对国家贡献最大的便是文学的"玩意儿"，我所没有学过的东西。最近研究《水经注》（地理学的东西）。我已经六十二岁了，还不知道我究竟学什么？都是东摸摸、西摸摸，也许我以后还要学学水利工程亦未可知，虽则我现在头发都白了，还是无所专长，一无所成。可是我一生很快乐，因为我没有依社会需要的标准去学时髦。我服从了自己的个性，根据个人的兴趣所在去做，到现在虽然一无所成，但是我生活得很快乐，希望青年朋友们，接受我经验得来的这个教训，不要问爸爸要你学什么，妈妈要你学什么，爱人要你学什么。要问自己性情所近，能力所能做的去学。这个标准很重要，社会需要的标准是次要的。

（本文为1952年12月27日胡适在台东县公共体育场的演讲，收入《胡适言论集》甲编）

谈谈大学

今天承各位青年朋友如此热烈欢迎，深感荣幸，本人于四年前曾来台中，当时所听到有关于东大者，仅仅是一个董事会，甚至连校名也未曾确定，四年后的今天，东大不仅是开学了，而且有这么好的建筑，这么幽静的环境，最高班也已至三年级了，这种迅速的进度，实在令人敬佩，我愿意借今天的机会向各位道喜！

我在美国时，曾看过贝聿铭先生的建筑设计，今天在此地又看到东大的校舍，诸位能在这么一个美丽的建筑，安静的环境中，安居乐业，专心研究，实在是够幸运了！昨天我在北沟看到许多名贵的古籍和历代的艺术作品，就联想到贵校的地理优势，假如诸位每周都能有机会看看故宫文物和中央图书馆的藏书，真是太理想了，因为这两个宝库中所收藏的，全是我国的精华，不仅是国宝，即在全世界，也占着最崇高的价值。

我现在已决定回美后，于本年秋间，和内子带一些破烂的书籍一同回来，那时希望有更多的时间，一方面研究，一方面可以多来东大看看，多作几次有关学术的讲演。

东大是一所私立的大学，到底私人设立的大学，对于一个国家的历史和地位又有什么关系，什么影响呢？今天我们的国家可以说是最困难的时候，大陆被极权者统治着，我们过去在学术上的一点成就和基础，现在可说是全毁了。记得二十余年前，中日战事没有发生时，从北平到广东，从上海到成都，差不多有一百多所的公私立大学，当时每一个大学的师生都在埋头研究，假如没有日本的侵略，敢说我国在今日世界的学术境域中，一定占着一席重要的地位，可惜过去的一点基础现在全毁了。所以诸位今天又得在这一个自由的宝岛上，有如平地起楼台，这是何等艰巨的一分工作啊！

说到这里，我们应该想想今天我们的国家在世界上，又占着一个怎样的地位！这当然有很多的原因，但其中一点我们不能否认，也必须了解的，就是有关于公私立大学校的延续问题，我国可考的历史固然已有四千年，但一直到今天还没有一个有过六十年以上历史的大学。我国第一个大学，是在汉武帝时，由公孙弘为相，发起组织，招收学生所设立的太学，这所太学，就是今日国立大学的起源，不过在设立之初只有五个教授，五十个学生，也就是所谓五经博士，至纪元后一百多年，王莽篡汉时，这个太学不仅建筑扩大了，而且学生人数，也达到一万人，光武中兴时的许多政坛人物，多是出身自这所太学，到第二世纪，这所太学的学生已发展到三万多人，比当今之哈佛、哥伦比亚等，毫无逊色。最可惜的，是当时政治腐败达于极点，因此许多的太学生，就开始批评政治，进而干预，结果演成党锢之祸，使太学蒙受影响。其后各代虽也有太学，但没有多大作用，到最后太学生可以用钱捐买，因此就不成为太学了。此外汉代也有私人讲学，其学生多少不等，有的三、五百，有的二、三千，这可以说是私立大学的起源，如郑玄所创者，即是一个很好的例子。

自纪元二百年郑玄逝世，至一千二百年朱熹逝世，在这一千年中，中国的学术多靠私人讲学传授阐扬，不过因政治问题，常受到压迫，虽然环境如此；但私人讲学并没有因此而中辍，而且仍旧成为传播学术的重要基础，如历代的书院，与学派的盛行，都是实例。

中国的高等教育虽然发达得很早，但是不能延续，没有一个历史悠久的学校，比起欧美来，就显然落后了，即使新兴的国家如菲律宾，也有三百多年历史的圣多玛大学，美国的历史只有一百六十余年，而美国的大学如哈佛、哥伦比亚等，都有二、三百年的历史，至于欧洲，尤其古老，如意大利就有一千年和九百多年历史的大学，英国的牛津和剑桥历史也达到八、九百年，若几百年历史的大学，在德法等国也为数不少，为什么历史不及我们的国家，会有那么长远历史的大学，而我国反而没有呢？因为人家的大学有独立的财团，独立的学风，有坚强的组织，有优良的图书保管，再加上教授可以独立自由继续的研究，和坚强的校友会组织，所以就能历代相传，悠久勿替，而我们的国家多少年来都没有一个学校能长期继续，实在是很吃亏的。

这几十年来，教会在中国设立了很多优良的大学和中学，它们对于近代的学术实在有很多的贡献和影响，可惜现在又都没有了，因此这些光荣的传统，就不得不再落于诸位的身上。中国的私立学校是否在将来世界的学术上占一席地，其在世界的高等教育中又若何，可以说都是诸位的责任，我以为私立学校有其优点，它比较自由，更少限制，所以我希望东海能有一个好榜样，把握着自由独立的传统，以为其他各校的模范，因为只有在自由独立的原则下，才能有高价值的创造，这也就是我今天所希望于诸位的。

（本文为1958年5月7日胡适在台中东海大学的演讲，原载1958年5月8日台北《"中央"日报》、《新生报》）

找书的快乐

主席、诸位先生：

我不是藏书家，只不过是一个爱读书，能够用书的书生，自己买书的时候，总是先买工具书，然后才买本行书，换一行时，就得另外买一种书。今年我六十九岁了，还不知道自己的本行到底是那一门？是中国哲学呢？还是中国思想史？抑或是中国文学史？或者是中国小说史？《水经注》？中国佛教思想史？中国禅宗史？我所说的"本行"，其实就是我的兴趣，兴趣愈多就愈不能不收书了。十一年前我离开北平时，已经有一百箱的书，大约有一、二万册。离开北平以前的几小时，我曾经暗想着：我不是藏书家，但却是用书家。收集了这么多的书，舍弃了太可惜，带吧，因为坐飞机又带不了。结果只带了一些笔记，并且在那一、二万册书中，挑选了一部书，作为对

一、二万册书的纪念,这一部书就是残本的《红楼梦》。四本只有十六回,这四本《红楼梦》可以说是世界上最老的抄本。收集了几十年的书,到末了只带了四本,等于当兵缴了械,我也变成一个没有棍子,没有猴子的变把戏的叫化子。

这十一年来,又蒙朋友送了我很多书,加上历年来自己新买的书,又把我现在住的地方堆满了,但是这都是些不相干的书,自己本行的书一本也没有。找资料还需要依靠中研院史语所的图书馆和别的图书馆如台湾大学图书馆、中央图书馆等救急。

找书有甘苦,真伪费推敲

我这个用书的旧书生,一生找书的快乐固然有,但是,找不到书的苦处也尝到过。民国九年(1920年)7月,我开始写《水浒传考证》的时候,参考的材料只有金圣叹的七十一回本《水浒传》、《征四寇》及《水浒后传》等,至于《水浒传》的一百回本、一百一十回本、一百一十五回本、一百廿回本、一百廿四回本,还都没有看到。等我的《水浒传考证》问世的时候,日本才发现《水浒》的一百一十五回本及一百回本、一百一十回本及一百廿回本。同时我自己也找到了一百一十五回本及一百廿四回本。做考据工作,没有书是很可怜。考证《红楼梦》的时候，大家知道的材料很多，普通所看到的《红楼梦》都是一百廿回本。这种一百廿回本并非真的《红楼梦》。曹雪芹四十多岁死去时，只写到八十回，后来由程伟元、高鹗合作，一个出钱，一个出力，完成了后四十回。乾隆五十六年的活字版排出了一百廿回的初版本，书前有程、高二人的序文说：

> 世人都想看到《红楼梦》的全本，前八十回中黛玉未死，宝玉未娶，大家极想知道这本书的结局如何？但却无人找到全的《红楼梦》。近因程、高二人在一卖糖摊子上发现有一大卷旧书，细看之下，竟是世人遍寻无着的《红楼梦》后四十回，因此特加校订，与前八十回一并刊出。

可是天下这样巧的事很少，所以我猜想序文中的说法不可靠。

考证《红楼梦》，清查曹雪芹

三十年前我考证《红楼梦》时，曾经提出二个问题，这是研究红学的人值得研究的：一、《红楼梦》的作者是谁？作者是怎样一个人？他的家世如何？家世传记有没有可考的资料？曹雪芹所写的那些繁华世界是有根据的吗？还是关着门自己胡诌乱说？二、《红楼梦》的版本问题，是八十回？还是一百廿回？后四十回是那里来的？那时候有七、八种《红楼梦》的考证，俞平伯、顾颉刚都帮我找过材料。最初发现乾隆五十七年（1792年）有程伟元序的乙本，其中并有高鹗的序文及引言七条，以后发现早一年出版的甲本，证明后四十回是高鹗所续，而由程伟元出钱活字刊印。又从其他许多材料里知道曹雪芹家为江南的织造世职，专为皇室纺织绸缎，供给宫内帝后、妃嫔及太子、王孙等穿戴，或者供皇帝赏赐臣下，后来在清理故宫时，从康熙皇帝一秘密抽屉内发现若干文件，知道曹雪芹的祖父曹寅，等于皇帝派出的特务，负责察看民心年成，或是退休丞相的动态，由此可知曹家为阔绰大户。《红楼梦》中有一段说到王熙凤和李嬷嬷谈皇帝南巡，下榻贾家，可知是真的事实。以后我又经河南的一位张先生指点，找到杨钟羲的《雪桥诗话》及《八旗经文》，以及有关爱新觉罗宗室敦诚、敦敏的记载，知道曹雪芹名霑、号雪芹，是曹寅的孙子，接着又找到了《八旗人诗抄》、《熙朝雅颂集》，找到敦诚、敦敏兄弟赐送曹雪芹的诗，又找到敦诚的《四松堂集》，是一本清抄未删底本，其中有挽曹雪芹的诗，内有"四十年华付杳冥"句，下款年月日为甲申（即乾隆甲申廿九年，西历1764

年)。从这里可以知道曹雪芹去世的年代,他的年龄为四十岁左右。

险失好材料,再评《石头记》

民国十六年我从欧美返国,住在上海,有人写信告诉我,要卖一本《脂砚斋评石头记》给我,那时我以为自己的资料已经很多,未加理会。不久以后和徐志摩在上海办新月书店,那人又将书送来给我看,原来是甲戌年手抄再评本,虽然只有十六回,但却包括了很多重要史料。里面有:"壬午除夕,书未成,芹为泪尽而逝。甲年八月泪笔"的句子,指出曹雪芹逝于乾隆廿七年冬,即西历1763年2月12日:"字字看来皆是血,十年辛苦不寻常"诗句,充分描绘出曹雪芹写《红楼梦》时的情态。脂砚斋则可能是曹雪芹的太太或朋友。自从民国十七年二月我发表了《考证红楼梦的新材料》之后,大家才注意到《脂砚斋评本石头记》。不过,我后来又在民国廿二年从徐星署先生处借来一部庚辰秋定本脂砚斋四阅评过的《石头记》,是乾隆廿五年本,八十回,其中缺六十四、六十七两回。

谈《儒林外史》,推赞吴敬梓

现在再谈谈我对《儒林外史》的考证:《儒林外史》是

部骂当时教育制度的书,批评政治制度中的科举制度。我起初发现的只有吴敬梓的《文木山房集》中的赋一卷(四篇),诗二卷(一三一首),词一卷(四七首),拿这当做材料。但是在一百年前,我国的大诗人金和,他在跋《儒林外史》时,说他收有《文木山房集》,有文五卷。可是一般人都说《文木山房集》没有刻本,我不相信,便托人在北京的书店找,找了几年都没有结果,到了民国七年才在带经堂书店找到。我用这本集子参考安徽《全椒县志》,写成一本一万八千字的《吴敬梓年谱》,中国小说传记资料,没有一个能比这更多的,民国十四年我把这本书排印问世。

如果拿曹雪芹和吴敬梓二人作一个比较,我觉得曹雪芹的思想很平凡,而吴敬梓的思想则是超过当时的时代,有着强烈的反抗意识。吴敬梓在《儒林外史》里,严刻地批评教育制度,而且有他的较科学化的观念。

有计划找书,考证神会僧

前面谈到的都是没有计划的找书,有计划的找书更是其乐无穷。所谓有计划的找书,便是用"大胆的假设,小心的求证"方法去找书,现在再拿我找神会和尚的事做例子,这是我有计划的找书:神会和尚是唐代禅宗七祖大师,我从《宋高僧传》的慧能和神会传里发现神会和尚的重要,当时便作了个大胆的假设，猜想有关神会和尚的资料只有在日本和敦煌两地可以发现。因为唐朝时，日本派人来中国留学的很多，一定带回去不少史料，经过"小心的求证"，后来果然在日本找到宗密的《圆觉大疏钞》和《禅源诸诠集》，另外又在巴黎的国家图书馆及伦敦的大英博物馆发现数卷神会和尚的资料。知道神会和尚是湖北襄阳人，到洛阳、长安传布大乘佛法，并指陈当时的两京法祖三帝国师非禅宗嫡传，远在广东的六祖慧能才是真正禅宗一脉相传下来的。但是神会的这些指陈不为当时政府所取信，反而贬走神会。刚好那时发生安史之乱，唐玄宗远避四川，肃宗召郭子仪平乱，这时国家财政贫乏，军队饷银只好用度牒代替，如此必须要有一位高僧宣扬佛法令人乐于接受度牒。神会和尚就担任了这项推行度牒的任务。郭子仪收复两京（洛阳、长安），军饷的来源，不得不归功神会。安史之乱平了后，肃宗迎请神会入宫奉养，并且尊神会为禅宗七祖，所以神会是南宗的急先锋，北宗的毁灭者，新禅学的建立者，《坛经》的创作者，在中国佛教史上没有第二个人有这样伟大的功勋。我所研究的《神会和尚全集》可望在明年由中央研究院历史语言研究所出版。

最后，根据我个人几十年来找书的经验，发现我们过去的藏书的范围是偏狭的，过去收书的目标集于收藏古董，小说之类决不在藏书之列。但我们必须了解了解，真正收书的态度，是要无所不收的。

（本文为1959年12月27日胡适在台湾"中国图书馆学会"年会上的演讲，原载1962年12月16日台北《中国图书馆学会会报》第14期）

教师的模范

师范,就是教师的模范,他们至少要有两方面的理想。人格方面,是要爱自由和爱独立,比生命还重要,做到"不降其志,不辱其身",把自由独立看作最重要的,这样人格才算完满。另一方面是知识,就是要爱真理,寻真理,为真理牺牲一切,为真理受苦,爱真理甚于自己的生命。

中国是具有五千年历史文化的古国,但却没有一个具有六十年或七十年以上历史的大学。北京大学是一个很老的学校,也不过六十二年,交通大学从它的前身南洋公学一起算进去,也只有六十多年的历史,台湾大学从日据时代的台湾帝国大学,到现在不过二十多年,一个有五千年历史的国家,没有六七十年以上历史的大学,是很使人惭愧的。

1936年,我曾代表北京大学参加哈佛大学成立三百周年纪念,有五百多个世界各地的著名学术机构和大学的代表都去道贺。在一次按照代表们所代表学校成立年代为先后的排队游行中，埃及的一个大学排在第一，但在历史上这个大学有一千多年的历史，是可怀疑的。实际可考的，应该是排在第二的义大利佛罗伦斯大学，才真正具有一千多年的历史。北京大学是排到第五百五十几名。

我在哈佛大学的餐会中，曾被邀请说话，我曾指出，北京大学是国立大学，是首都大学，也是真正继承中国历史上太学的学府。中国的太学是创始于汉武帝时代，这样算起来，北大历史应该要从纪元前124年算起，如果以这个历史为考据，北大该排在埃及大学的前面了。

北京大学不愿意继承太学是有原因的。中国的大学始于太学，但是从汉武帝到隋唐国子监，都没有持续性和继续性，当朝代间替，政府更换的时候，学堂也随着变换，使得学堂的设备、财产、人才、学风都缺乏继续的机构接替下去。

在中国，太学是政治机构的一部分，太学校长叫"祭酒"，他们升官了，就离开太学做官去。无论是学风，人才，都随着不同的朝代政府变迁更换。西洋的大学能够继续不断发展，有三个因素：第一它们有董事会，管理学校财产，像欧洲的大学是由教皇特旨，以教皇的许可状作为基础，连续有人负责学校的一切。第二，是教师会，它使得学校的传统学风能继续下去。第三，美洲的大学，都有校友会，校友们捐款给学校，推选董事参加董事会。

中国的大学有国立的，官立的，私立的，但却没有一个私立学校是完全私立的，大多是半官立的，太学在纪元前124年成立时，只有五个教授，五十个学生。王莽大兴学堂，曾筑舍万区，纪元后4年，太学生有六万多人，东汉迁都洛阳，太学仍在继续不断发展。汉光武帝革命的成功，全是王莽时代太学生的力量。"党锢之祸"发生以后，太学生才渐为大家所恐惧。

我们大学制度产生得很早，但是几千年来没有好好持续下去，造成了有五千年历史，而没有七十年以上大学历史的现象。

一个只有十四年历史的学堂，在教育史上还是个小孩子。十四岁的孩子是不应该为他大做生日的，但还是值得道喜。……

师大学生要以爱自由，爱独立，爱真理胜过生命的理想，担负起教养下一代的神圣使命。

（本文为1960年6月5日胡适在台湾师大十四周年纪念会上的演讲，原载1960年6月6日台北《新生报》。收入本集时，编者删除了文中的报道性内容）

中国教育史的资料

我是一个不懂教育的人,除了写过一篇《杜威先生的教育哲学》以外,没有写过第二篇有关教育的文章。谈到"中国教育史的资料",必先了解教育史有几种,有教育思想史,还有教育制度史。在三十年前,曾经写过一封信与我的一个学生讨论教育史的方法。一种是死的方法,就是在《三通》、《九通》、《十通》里去找有关教育的资料,而后把它们拼凑起来。另一种是活的方法,就是根据每一个时代的教育制度及那一时代中的师生们的生活情形,师生之间的关系等活的资料,来撰写教育史。

要找寻教育史的活的资料,《儒林外史》、《醒世姻缘》、《论语》、《孟子》、《礼记》的《檀弓》篇,都有很好的资料。《儒林外史》实在是一部很好的教育史资料,书中不但谈到学制、学生、老师们的生活,同时还谈到由于学制,老师、学生们的生活与关系，所养成的学生的人格与德性。《醒世姻缘》虽然是一部全世界最伟大的怕太太小说，但它里面有些地方，把当时的学制与师生之间的生活情形，描写得非常透彻，《论语》则是一部非常好的教育制度的资料。《礼记》的《檀弓》篇，从语言学的观点来看，是与《论语》是在同一时期的。《论语》中孔子与门人的对话，便是活的教育资料。此外《聊斋》一书亦含有部分资料。

中国的教育史，应当从《论语》时代开始。我国的太学远在二千多年前便开始，汉平帝时，王莽扩充太学，收买学生，但仍出了革命人物，汉光武便是由太学出来，以后太学又增至三万人。太学学生，也即是当年的青年知识分子，从而批评政治，形成后汉的党锢之祸，宋代有一部杂记形容太学学生的生活说"有发头陀寺，无官御史台"，由此可以看到太学的生活了。后来到了明朝，又有东林党的事件。到了清朝，教育制度又有不同，一部分监生可以花钱去买。

谈到书院，到了北宋时代，有四个书院很出名，清代更为发达，我的父亲便是在同治七年考入上海的龙门书院。我的父亲《钝夫年谱》里详细叙述当年该书院的详细情形，并特别提出，该书院在学生的笔记本上印有一句很有意义的格言："学者先要会疑，要能于无疑处有疑，方能进步。"此话虽是九十年前的格言，但在今天来说，仍非常有意义。

最后希望有兴趣撰写教育史的，要多多注意以上各种的活的资料，写活的教育史。同时，希望各人能把自己的资料写下来，给以后的人们作参考。

（本文为1959年12月27日胡适在中国教育会等六个教育学术团体的联合年会上的演讲，原载1959年12月28日台北《"中央"日报》）

谈谈实验主义

此番美国大教育家杜威博士到中国来，江苏省教育会请他明天后天到这儿来演说，又因为我是他的学生，所以叫我今天晚上先来讲讲。方才主席说我是杜威博士的高足弟子，其实我虽是他的弟子，那"高足"二字可也不敢当，不过今天先要在诸君面前把杜威博士的一派学说，稍稍演述一番，替他先开辟出一条道儿，再加些洒扫的功夫，使得明天诸君听杜威博士的演说有些头绪，那也是做弟子的应尽的职分。

我今天所要讲的题目，是"实验主义"，英文中叫做Pragmatisms，这个字有人译做"实际主义"，我想这个名词也好用，并且实验主义在英文中，似当另为一个叫做Experimentism的名词。那么，我何以要把实际主义改为实验主义呢？那也有个道理，原来实验主义的发达，是近来二十年间的事情，并且分为几派，有欧洲大陆派，有英国派，有美国派。英国派是"人本主义"。他的意思是万事万物都要以人为本位，不可离开了人的方面空去说的，所以是非、有无、利害、苦乐，都是以人为根本的。美国派又分两派，一派就是"实际主义"，为杜威博士那一般人所代表的。一派是"工具主义"，这派把思想真理等精神的产物都看做应用的工具，和那用来写字的粉笔，用来喝茶的茶杯一样。以上各派，虽则互有不同，然而有一点是共同的，那就是注重实验，所以我今天的题目叫做"实验主义"。

我们要明白实验主义是什么东西，先要知道实验的态度究竟是怎么样，实验的态度，就是科学家在试验室里试验的态度，科学家当那试验的时候，必须先定好了一种假设（Hypothestis），然后把试验的结果来证明这假设是否正当。譬如科学家先有了两种液体，一是红的，一是绿的，他定了一个假设，说这两种液体拼合起来是要变黄色的。然而这句话不是一定可靠，必须把他实际试验出来，看看拼合的结果是否黄色，再来判定那假设的对不对。实验主义所当取的态度，也就和科学家试验的态度一样。

既然如此，我敢说实验主义是十九世纪科学发达的结果，何以见得实验主义和科学有关系呢？那么，我们不可不先明白科学观念的两大变迁。

一、科学律令　科学的律令，就是事物变化的通则，从前的人以为科学律令是万世不变，差不多可以把中国古时"天不变，道亦不变"的二句话，再读一句"科学律令亦不变"。然而五十年来，这种观念大为改变了。大家把科学律令看作假设的，以为这些律令都是科学家的假设，用来解释事变的。所以，可以常常改变。譬如几何学的定律说，从直线的起点上只有一条直线可以同原线平行。又说，三角形中的三个角相加等于二直角，这二律我们都以为不可破的。然而新几何学竟有一派说，从直线的起点上有无数的直线同原线平行；有的说，从直线的起点上没有一条直线可以同原线平行；有的说，三角形中的三角相加比二直角多；有的说，比二直角少。这些理论，都和现在几何学的律令不同，却也能"言之成理，持之有故"。连科学家也承认他们有成立的根据。不过照现在的境遇说，通常的几何学是最合应用，所以我们去从他的律令。假使将来发现现在的几何学不及那新几何学合用，那就要"以新代旧"了。我们对于科学律令的观念既改，那么研究科学的方法也改了，并且可以悟得真理不是绝对的。譬如我们所住的大地，起初人家以为是扁平的，日月星辰的出没，都因为天空无边，行得近些就见了，行得太远就不见了。这种说话现在看来固然荒谬，然而起初也都信为真理，后来事变发现得多了，这条真理不能解释他了。于是有"地圆"的一说，有"地球绕日"的一说，那就可见真理是要常常改变的。又譬如三纲五常，我们中国从前看做真理，但是这八年之中，三纲少了一纲，五常少了一常，也居然成个国家。那就可见不合时势的真理是要渐渐的不适用起来。

二、生存进化 起初的人以为种类是不变的，天生了这样就终古是这个样儿。所以他们以为古时的牛就是现在的牛，古时的马就是现在的马，到了六十年前达尔文著《种源论》，才说明种类是要改变的。人类也是猿类变的，我们人类有史的时代虽只有几千年，而从有人类以来至少有一万万年，假使把这一万万年中的生物，从地质学考究起来，不晓得种类变得多少了，那种类变化的根本，就是"物竞天择，适者生存"八个字。再简单说一句，就是"适应环境"罢了。譬如这块地方阳光太大，生物就须变得不怕阳光。那块地方天气太冷，生物就须变得不怕寒冷。能够这样的变化方可生存，不能变的或变得不完全适合的难免淘汰。而且这种变化，除了天然以外，人力也可做到的。譬如养鸡养鸭，我们用了择种的法子，把坏的消灭了，好的留起来，那么数世之后只有好种了。又譬如种桃，我们用了接木的法子，把桃树的枝接到苹果树上去，一二年中就会生出特种的桃子。可见生存进化的道理，全在适应环境的变化。

上面我说了两大段的话，现在把他结束起来，就是：
一、一切真理都是人定的。人定真理不可徒说空话，该当考察实际的效果。二、生活是活动的，是变化的，是对付外界的，是适应环境的。我们明白了这两个从科学得来的重要观念，方才可以讲到杜威博士一派的实际主义了。

杜威博士所主张的实际主义，我们分三种来讨论。

（一）方法论，（二）真理论，（三）实在论。

（一）方法论 实验主义和政治，经济，社会，教育，学理的种种方面都有关系，就因为他的方法和别个方法不同，他的方法，简单说起来，就是不重空泛的议论，不慕好听的名词。注意真正的事实，采求试验的效果，我们把这种方法应用到三方面去。

（甲）应用到事物上去 我们要明白事物，必须先知道事物的真意义，不可因为晓得事物的名称就算完事。譬如瞎子，他也会说"白的""黑的"。但是叫他把两样物件中间拣出那"白的"或"黑的"来，他就不能动手，因为他实在没有知道黑白的真意义。又譬如一个会说话的聋子，他也会说"小叫天"、"梅兰芳"，但是叫他说出小叫天或梅兰芳的声调怎样好法，他就不能开口，因为他并没有知道"谭迷""梅迷"的真意义。所以要明白事物，第一须知道事物对于我发生怎样的感觉。譬如"黑"在我身上的感觉是怎么样，"电灯"在我身上的感觉是怎么样。第二须知道我对于事物发生怎样的反动。譬如"黑"了我将怎样做。"空气不好"我将怎样做,若仅仅如孔子所说的"多识鸟兽草木之名",那就和实际主义大相反背了。

(乙)应用到意思上去 实验主义的学者,把凡所有的意思都看做假设,再去试验他的效果。譬如甲有一个意思说这样方可以齐家,乙有一个意思说那样方可以治国。我们都不可立刻以为是的或否的,先得试验他的结果是否可以如此。然后再去批评他,哲姆斯博士(Dr. James)把意思看作银行的支票一样,倘然我的意思是可行的,行了出去竟得到我所预期的结果。那就好比兑现的支票一样,不然,那就是不兑现的支票了。所以在实验主义看来,意思都是假设的,都是要待人家去试验的。

(丙)应用到信仰上去 信仰比意思更进一层了,意思是完全假设的。意思等到试验对了之后方成信仰,然而信仰并不是一定不易的,须得试验试验才好。譬如地球扁平的一说,当初也成为信仰,但是现在观察出来,地球并不是这样,所以这信仰就打破了。又譬如我们假使信仰上帝是仁慈的,但何以世界上有这样的大战,可见得信仰是并非完全靠得住,必得把现在的事情实地去考察一番,方才见得这种信仰是否合理。迷信的事姑且勿论,就是普通社会的信条也未必是完全合情合理的,在实际主义看来,那都要待人试验的。

上面所说的实际主义方法的应用,和教育究竟有什么关系呢？这个问题的答案就是，教育事业当养成实事求是的人才，勿可专读死书，却去教实在的事物，勿可专被书中意思所束缚，却当估量这种意思是否有实际的效果，勿可专信仰前人的说话，却当去推求这些信条是否合于实情。

（二）**真理论** 实验主义关于真理的论据，前面已经讲得不少了。此处所要说明的，就是"真理都是工具"一句话。譬如三纲五常从前在中国成为真理，就因为在宗法社会的时候，这个"纲常"的理论，实在可以被我们用作工具来范围人心，并且着实见些功效。到了现在社会的情形变了，这个"纲常"也好像是没用工具一般，只好丢去，另寻别的适用的工具了。既然如此，所以真理是常常改变的。哲姆斯博士说过，大凡真理都是替我们做过媒来的，都是替我们摆过渡来的，因为倘然我们发现了一种事物的变化，不能用旧时的真理去解释他，就不得不另创新的真理去解释，这种新的真理就是替我们和事变做媒摆渡，而旧理的做媒摆渡的功用失去了。所以实际主义对于真理的观念，是要养成主动的思想，去批评真理的，不是养成被动的思想，做真理的奴隶。譬如"不孝有三，无后为大"、"妇者服于人也"，这些话都是中国前代的真理，但是我们要考察这些真理是否合于现在社会的情形，然后来定他们的是非。

（三）**实在论** 实在论就是宇宙论，也就是世界观，那是哲学的问题。照实际主义说，世界是人造的，所以各人眼光中的世界是大不相同。譬如同在一块地方，诗人的世界是风花水月之类，工人的世界是桥梁屋宇之类，各人有各人注意的所在，也就是各人有各人的世界。并且世界是由小而大的，各人的生活经验越增加，那世界的范围越扩大，生活的乐趣也越增加。所以实际主义学者的世界是实在的世界，不是空虚的世界。那佛教所创造的"极乐国"、"天堂"、"涅槃世界"、"极乐世界"等都是空空洞洞不可捉摸的，并且他们看得世界是烦恼困苦，怕生活，怕经验，所以才创造这些世界来引诱人。但是实际主义学者像哲姆斯一般人都说世界是人造的，很危险的，很不平安的，人类该当由经验去找安乐，该当冒险去造世界。假使有上帝，那么仿佛上帝对我们说："我是不能为你们的安乐保险的，但是你们毕竟努力，或者可以得着安乐。"实际主义的意思，以为惟有懦夫是不敢生活的，否则都应该在这实在世界中讨生活。

现在我把实验主义的要点说起来作一总束，我们人类当从事实上求真确的知识，训练自己去利用环境的事务，养成创造的能力，去做真理的主人。

（本文为1919年5月2日胡适在江苏省教育会的演讲，潘公展笔述，原载1919年5月《新教育》第1卷第3期）

中国哲学的线索

我平日喜欢做历史的研究,所以今天讲演的题目,是《中国哲学的线索》。这个线索可分两层讲。一时代政治社会状态变迁之后,发生了种种弊端,则哲学思想也就自然发生,自然变迁,以求改良社会上、政治上种种弊端。所谓时势生思潮,这是外的线索。外的线索是很不容易找出来的。内的线索,是一种方法——哲学方法,外国名叫逻辑 Logic(吾国原把逻辑翻作论理学或名学。逻辑原意不是名学和论理学所能包含的,故不如直译原字的音为逻辑)。外的线索只管变,而内的线索变来变去,终是逃不出一定的径路的。今天要讲的,就专在这内的方法。

中国哲学到了老子和孔子时候,才可当得"哲学"两个字。老子以前,不是没有思想,没有系统的思想;大概多是对于社会上不安宁的情形,发些牢骚语罢了。如《诗经》上说:"苕之华,其叶青青。知我如此,不如无生。"这种语是表示对于时势不满意的意思。到了西历前第六世纪时,思想家才对于社会上和政治上,求根本弊端所在。而他们的学说议论终是带有破坏的、批评的、革命的性质。老子根本上不满意当时的社会、政治、伦理、道德。原来人人多信"天"是仁的,而他偏说:"天地不仁,以万物为刍狗。"天是没有意思的,不为人类做好事的。他又主张废弃仁义,入于"无为而无不为"的境界。这种极破坏的思想,自然要引起许多反抗。孔子是老子的门徒或是朋友。他虽不满意于当时风俗制度以及事事物物,可是不取破坏的手段,不主张革命。他对于第一派是调和的、修正的、保守的。老子一派对于社会上无论什么政治、法律、宗教、道德,都不要了,都要推翻他,取消他。孔子一派和平一点,只求修正当时的制度。中国哲学的起点,有了这两个系统出来之后,内的线索——就是方法——继续变迁,却逃不出这两种。

老子的方法是无名的方法。《老子》第一句话就说:"名可名,非常名;道可道,非常道。"他知道"名"的重要,亦知道"名"的坏处,所以主张"无名"。名实二字在东西各国哲学史上都很重要。"名"是共相(Universal),亦就是普通性。"实"是"自相",亦就是个性。名实两观念代表两大问题。从思想上研究社会的人,一定研究先从社会下手呢,还从个人下手？换句话讲，是先决个性，还是先决普遍之问题？"名"的重要可以举例明之。譬如诸君现在听讲，忽然门房跑来说——张先生，你的哥哥来了。这些代表思想的语言文字就是"名"。——倘使没有这些"名"，他不能传达他的意思，诸君也无从领会他的意思，彼此就很觉困难了。简单的知识，非"名"无从表他，复杂的格外要借"名"来表示他。"名"是知识上的问题，没有"名"便没有"共相"。而老子反对知识，便反对"名"，反对言语文字，都要一个个的毁灭他。毁灭之后，一切人都无知无识，没有思想。没有思想，则没有欲望。没欲望，则不"为非作恶"，返于太古时代浑朴状态了。这第一派的思想，注重个性而毁弃普遍。所以他说："天下皆知美之为美，斯恶矣；皆知善之为善，斯不善矣。"美和不美都是相对的，有了这个，便有那个。这个那个都不要，都取消，便是最好。这叫做"无名"的方法。

孔子出世之后，亦看得"名"很重要。不过他以为与其"无名"，不如"正名"。《论语·子路》篇说：

> 子路曰：卫君待子而为政，子将奚先？子曰：必也正名乎。子路曰：有是哉！子之迂也！奚其正！子曰：野哉由也！君子于其所不知，盖阙如也。名不正，则言不顺。言不顺，则事不成。事不成，则礼乐不兴。礼乐

不兴，则刑罚不中。刑罚不中，则民无所措手足。

孔子以为"名"——语言文字——是不可少的，只要把一切文字、制度，都回复到他本来的理想标准，例如："政者，正也。""仁者，人也。"他的理想的社会，便是"君君、臣臣、父父、子子"。做父亲的要做到父亲的理想标准，做儿子的亦要做到儿子的理想标准。社会上事事物物，都要做到这一步境地。倘使君不君、臣不臣、父不父、子不子，则君、臣、父、子都失掉本来的意义了。怎样说"名不正，则言不顺"呢？"言"是"名"组成的，名字的意义，没有正当的标准，便连话都说不通了。孔子说："觚不觚，觚哉觚哉！"觚是有角的形，故有角的酒器，叫做"觚"。后来把觚字用泛了，没有角的酒器亦叫做"觚"。所以孔子说："现在觚没有角了，这还是觚吗？这还是觚吗？"不是觚的都叫做觚，这就是"言不顺"。现在通用的小洋角子，明明是圆的，偏叫他"角"，也是同样的道理。语言文字（名）是代表思想的符号。语言文字没有正确的意义，便没有公认的是非真假的标准。要建设一种公认的是非真假的标准，所以他主张"正名"。老子主"无名"，孔子主"正名"。此后思想，凡属老子一派的，便要推翻一切制度，便要讲究制度文物，压抑个人。

第三派的墨子，见于前两派太趋于极端了，一个注重"名"，一个不注重"名"，都在"名"上面用功夫。"名"是实用的，不是空虚的，口头的。他说：

今瞽者曰："巨者，白也。黔者，黑也。"虽明目者无以易之。兼白黑，使瞽取焉，不能知也。故我曰："瞽者不知白黑者，非以其名也，以其取也。"

"取"就是实际上的去取，辨别。瞎子虽不曾见过白黑，亦会说白黑的界限。要到了实际上应用的时候，才知道口头的界说，是没有用的。许多高谈仁义道德的人也是如此。分别义利，辨入毫末，及事到临头，则便手足无措。所以墨子不主张空虚的"名"，而注重实际的应用。墨子这一派，不久就灭了。而他的思想和主义则影响及于各家。遗存下来的，却算孔子一派是正宗。老子一派亦是继续不断。如杨朱有"名无实，实无名。名者伪而已"等话，亦很重要。到了三国魏晋时代，便有嵇康那一般人，提倡个人，推翻礼法。宋明陆象山和王阳明那班人，无形中都要取消"名"。就是清朝的谭嗣同等思想，亦是这样，亦都有无名的趋向。正统派的孔子重"名"，重礼制，所以后来的孟子、荀子和董仲舒这一班人，亦是要讲礼法、制度。内部的线索有这两大系统。

还有一派近代的思想。九百多年前，宋朝的儒家，想把历代的儒家相传的学说，加上了佛家、禅宗和道家的思想，另成一种哲学。他们表面上要挂孔子的招牌，不得不在儒家的书里头找些方法出来。他们就找出来一本《大学》。《大学》是本简单的书，但讲的是方法。他上面说："致知在格物"。格物二字就变为中国近世思想的大问题。程朱一派解"格物"是到物上去研究物理。物必有理，要明物理，须得亲自到物的本身上去研究。今天格一物，明天格一物，今天格一事，明天格一事，天下的事物，都要一个个的去格他。等到后来，知识多了，物的理积得多了，便一旦豁然贯通。陆象山一派反对这种办法，以为这种办法很笨。只要把自己弄好了，就是"格物"。所以他主张："吾心即是万物，万物即是吾心。"物的理都在吾的心中，能明吾心，就是明万物。吾心是万物的权衡，不必要像朱子那么样支支离离的格物。这种重视个性自我发展的思想，到了王阳明格外的明了。阳明说：他自己本来信格物是到物上去格的。他有一位朋友去格一枝竹，格了五天，病起来了。他就对这位朋友讲：你不能格，我自己去格。格了七天，也病了。因此，他不信格物是到物上去格。物的理在心中，所以他特别地揭出"良知"二字来教人。把良知弄好了，弄明白了，善的就是善，恶的就是恶,是的还他是,非的还他非,天下事物都自然明白了。程朱和陆王这两派支配九百余年的思想,中间"格物"的解说有七八十种;而实际上还是"名"和"实"的嫡派,不过改变他们的方向罢了——格物还是从内起呢,还是从外起?

思想必依环境而发生,环境变迁了,思想一定亦要变迁。无论什么方法,倘不能适应新的要求,便有一种新方法发生,或是调和以前的种种方法,来适应新的要求。找出方法的变迁,则可得思想的线索。思想是承前启后,有一定线索,不是东奔西走,全无纪律的。

(王伯明记录,原载1921年10月17日《时事新报·学灯》,又载1921年11月20日《教育杂志》第13卷第11号)

从历史上看哲学是什么

这个题目很重要,从人类历史上看哲学是什么,一方面要修正我在《中国哲学史》上卷里所下哲学的定义,一方面要指示给学哲学的人一条大的方向,引起大家研究的兴味。

我在今年一二月《晨报副刊》上发表杜威先生哲学改造的论文,今天所讲,大部分是根据杜威先生的学说;他的学说原是用来解释西洋哲学的,但杜威先生是一个实验主义者,他的学说要能够解释中国或印度的哲学思想,才能算是成立。

杜威先生的意思,以为哲学的来源,是人类最初的历史传说或跳舞诗歌迷信等等幻想的材料,经过两个时期,才成为哲学。

(一)整齐统一的时期,传说神话变成了历史,跳舞诗歌变成了艺术,迷信变成了宗教,个人的想像与暗示,跟了一定法式走，无意识的习惯与有意识的褒贬，合成一种共同的风尚。造成了种种制度仪节。

（二）冲突调和的时期，人类渐渐进步，经验多了，事实的知识分量增加，范围扩大。于是幻想的礼俗及迷信传统的学说，与实证的人生日用的常识，起了冲突，因而批评的调和的哲学发生，例如希腊哲人"Sophist"之勃兴，便是西洋哲学的起源。"Sophist"对于一切怀疑，一切破坏，当时一般人颇发生反感，斥哲人为诡辩，为似是而非。"Sophist"一字，至今成了恶名。有人觉得哲人过于激烈，应将传统的东西保存一部分，如Socrates辈。但社会仍嫌他过激，法庭宣告他的死刑。后来经过柏拉图、亚里士多德等的调和变化，将旧信仰洗刷一番，加上些论理学、心理学等等，如卫道护法的工具，于是成了西洋的正统哲学。

归纳起来说，正统哲学有三大特点：

（1）调和新旧思想，替旧思想旧信仰辩护，带一点不老实的样子。

（2）产生辨证的方法，造成论理的系统，其目的在护法卫道。

（3）主张二元的世界观，一个是经验世界，一个是超经验的世界，在现实世界里不能活动的，尽可以在理想的世界里玩把戏。现在要拿杜威先生关于正统哲学的解释，来看是否适用于中国。我研究的结果，觉得中国哲学完全可以适用杜威的学说。

中国古代的正统哲学是儒墨两大派，中古时代是儒教，近世自北宋至今是宋明理学，尤其是程朱的理学。

现在分论古代中古近世三期。

中国古代的哲学原料，诗歌载在《诗经》，卜筮迷信载在《易经》，礼俗仪容载在《礼记》，历史传说载在《尚书》。在西历纪元前二千五百年，初民思想已经过一番整齐统一。一切旧迷信旧习惯传说已成了经典。

纪元前五六百年老子孔子等出，正当新旧思潮冲突调和的时期，古代正统哲学才算成立。老子是旧思想的革命家，过激党，攻击旧文化，攻击当时政治制度。古代以天为有意志有赏罚，而老子说天地不仁，将有意志的天变为无往而不在，无为而无不为的天，是一个自然主义的天道观。老子这样激烈的态度，自然为当世所不容。他很高明，所以自行隐遁。邓析比老子更激烈，致招杀身之祸，没有书籍流传后世，可见当时两种思想冲突的厉害。

于是调和论出来了，孔子一方面承认自然主义的天道观，他说："天何言哉，四时行焉，百物生焉，天何言哉；"一方面又承认有鬼神，他说："敬鬼神而远之。""祭如在，祭神如神在。""洋洋乎如在其上，如在其左右。"他总舍不得完全去掉旧信仰，舍不得完全去掉传统的宗教态度。但在一般人看来，他仍然是偏向革命党。偏向革命党的苏格拉底不免于死刑，偏向革命党的孔子不免厄于陈蔡，终身栖栖皇皇。这是第一派的调和论。

第二派的调和论是墨子，墨子明白提倡有鬼，有意志的天，非命，完全容纳旧迷信，完全是民间宗教的原形。但究竟旧思想经过动摇，不容易辩护，于是不得不发明辨证的方法，以逻辑为武器。我们看他用逻辑最多的地方，是《明鬼》和《非命》两篇。他提出论辨的三个标准：

（甲）我们曾经耳闻目见否，

（乙）古人说过没有，

（丙）有用没有用。

譬如说有鬼，第一曾经有人看见过鬼，或听见鬼叫的。第二古书载鬼的地方很不少，故古人是相信有鬼的。第三我们相信有鬼，则我们敬爱的人死了，我们尚可得到安慰，而且可以少作坏事。信鬼有利无弊是有用的。因此墨子是当时的正统哲学。

中古时代之整齐统一期分两个步骤，第一步是秦时，李斯别黑白，定一尊。第二步是汉初，宗教迷信统一于长安，秦巫晋巫各代表一个民间宗教，汉武封泰山，禅梁父，一般方士术士都来了，这是道教与古代迷信冲突时期。

带上儒家帽子的墨教出来调和,便是董仲舒所创之新儒教。以天人感应为基本观念,替民间宗教作辩护,可谓古代迷信传说之复活,故中古期的正统哲学是新儒教。

从东汉到北宋,儒释道三教都来了,没有十分冲突。唐时以老子姓李,道教几乎成为国教。到了北宋真宗,崇道教,拜天书,封禅老子庙。道教之盛,达于极点,以至仁宗神宗时代,产生了许多怀疑派。如欧阳修、苏轼、王安石、李觏等,对于思想制度古书都怀疑。对于迷信的道教是一种反动,对于极端个人主义的禅宗是一种调和。于是在古代诸大思想系统中找出儒家,以《五经》为旧经典,《四书》为新经典,《大学》里找出方法论,《中庸》里找出心理学。静坐不是学佛,是求敬,是注意,是为自己的修养。故自北宋以来,正统哲学是理学。理学调和的分子极多,以儒家为根据,容纳道家佛家一部分思想,且兼容古代的宗教。为涵养须用敬之"敬",完全是宗教的态度。

结论 我所以讲这个题目,是要使大家知道,无论以中国历史或西洋历史来看,哲学是新旧思想冲突的结果。而我们研究哲学,是要教哲学当成应付冲突的机关。现在梁漱溟、梁任公、张君劢诸人所提倡的哲学,完全迁就历史的事实,是中古时代八百年所遗留的传统思想、宗教态度,以为这便是东方文明。殊不知西洋中古时代也有与中国同样的情形,注重内心生活,并非中国特有的。所以我们要认清楚哲学是什么,研究哲学的职务在那里,才能寻出一条大道。这是我们研究哲学的人应有的觉悟。

(本文为1925年5月17日胡适在北京大学哲学研究会的演讲,明宵笔记,原载1925年5月31日《国闻周报》第2卷第20期)

思想的方法

一个人的思想，差不多是防身的武器，可以批评什么主义，可以避免一切纷扰。我们人总以为思想只有智识阶级才有，可是这是不尽然的；有的时候，思想不但普通人没有，就是学者也没有。普通人每天做事，吃饭，洗脸，漱口，……都是照着习惯做去，没有思想的必要，所以不能称为有思想；就是关着窗子，闭着门户，一阵子的胡思乱想，也绝对不是思想的本义。原来思想是有条理，有系统，有方法的。

我们遇着日常习惯的事，总是马马虎虎的过去；及至有一个异于平常的困难发生，才用思想去考虑和解决。譬如学生每天从宿舍到课堂，必须经过三叉路和电车站，再走过二行绿荫荫的柳树，和四层楼的红房子，然后才至课堂。这在每天来往的学生，是极平常而不注意的事；但要是一个新考进来的学生，当他到了三叉路口的辰光，一定有一个问题发生：就是在这三条路中，究竟打那一条路走能到目的地？那个时候，要解决这个困难，思想便发生了。

要管理我们的思想，照心理学上讲，须要用五种步骤：

1. **困难的发生**　人必遇有歧路的环境或疑难问题的时候，才有思想发生。倘无困难，决不会发生思想。

2. **指定困难的所在**　有的困难是很容易解决的，那就没有讨论和指定困难的所在的必要。要是像医生的看病，那就有关人命了。我们遇着一个人生病的时光，往往自己说不出病之所在；及至请了医生来，他诊了脉搏，验了小便，就完了事；后来吃了几瓶药水，就能够恢复原状。他所以能够解决困难，和我们所以不能解决困难的不同点，就在能否指定和认清困难之所在罢了。

3. **假设解决困难的方法**　这就是所谓出主意了。像三叉路口的困难者，他有了主意，必定向电车站杨柳树那边跑。这种假说的由来，多赖平日的知识与经验。语云："养兵千日，用在一朝。"我们求学亦复如此。这一步实是最重要的一步。要是在没有思想的人，他在脑袋中，东也找不到，西也找不到，虽是他在平常，能够把书本子倒背出来；可是没有观察的经验，和考虑的能力，一辈子的胡思乱想，终是不能解决困难的啊。

但是也有人，因为学识太足了，经验太富了，到困难来临的时候，脑海中同时生了许多不同的解决方法；有的时候，把对的主意，给个人的感情和嗜好压了下去，把不对的主意，反而实行了。及后铸成大错，追悔莫及。所以思想多了，一定还要用精密谨慎的方法，去选定一个最好的主意。

4. **判断和选定假设之结果** 假若我脑海中有了三种主意：第一主意的结果是A. B. C. D，第二主意的结果是E. F. G，第三主意的结果是H. I，那个时候，就要考虑他三个结果的价值和利害；然后把其中最容易而准确的结果设法证明。

还有我们做事，往往用主观的态度，而不用客观的态度；这就是我们常说的"某人说话，不负责任"的解释了。

此次五卅惨案，也有许多激烈的青年，主张和英国宣战，他们没有想到战争时，和战争后，政治上，商业上，交通上，经济上，军事上的一切设备和结果。他们只知唱高调，不负责任的胡闹，只被成见和一时感情的冲动所驱使，没有想到某种条件有某种结果，和某种结果有没有解决某种条件的可能。

5. **证实结果** 既已择定一个解决困难的方法，再要实地试验，看他实效的如何以定是非与价值。遇有事实不易在自然界发生的，则用人力造成某种条件以试验之。例如欲知水是否为轻养二原素所构成，此事在自然界不易发生，于是以人力合二原质于一处，加以热力，考察是否能成水。

更以水分析之,看能否成轻养二原素,即从效果上来证实水的成分。

从前我的父亲有一次到满洲去勘界。一天到了一个大森林,走了多天,竟迷了路;那个时候干粮也吃完了,马也疲乏了,在无可如何的时光,他爬上山顶,登高一望,只见翠绿的树叶,弥漫连续,他用来福枪放起来,再把枯树焦叶烧起来,可是等了半天,连救援人的影踪也找不到。他便着急起来了,隔一回儿,他想起从前古书里有一句话,叫做"水必出山"。他便选定了这个办法,找到了河,遵了河道,走了一日夜,竟达到了目的地。

又有一例。禅宗中有一位烧饭的,去问他的大法师道:"佛法是什么?"那大法师算了半天,才回答道:"上海的棉花,二个铜子一斤。"烧饭的便说道:"我问你的是佛法,你答我的是棉法,这真是牛头不对马面了。"隔了三年,他到了杭州的灵隐寺去做烧饭,他又乘便问那个主持的和尚道:"佛法是什么?"那主持和尚道:"杭州的棉花,也是二个铜子一斤。"他更莫名其妙;于是他便跑到普陀山,峨眉山……途中饱尝了饥渴盗匪之苦,问了许多和尚法师,竟没有得到一个圆满的解决。有一天,他到了一个破庙房,碰到一个老年的女丐,口中咿唔的在自语着,他在不知不解间,听得一句不相干的话,忽然间竟觉悟了世界上怎样的困难,他也就明白了"佛法是什么"。他在几十年中所怀的闷葫芦，一旦竟明白了，不是偶然的。这就是孟子所说"资之深，则取之左右逢其源"，只要把自己的思想运用，把自己的脑筋锻炼，那么，什么东西都可以迎刃而解了！

在宋朝有一个和尚，名叫法贤，人家称他做五祖大师，他最喜欢讲笑话。他讲：从前有一个贼少爷，问贼老爷道："我的年纪也大了，也不能天天玩耍了，爹爹也可以教我一点立身之道吗？"那贼老爷并不回答他，到了晚上，导他到一座高大的屋宇，进了门，便把自己身边的钥匙，开了一个很大的衣橱，让他的儿子进去，待到贼少爷跨进衣橱，贼老爷把橱门拍的关上，并且锁着；自己连喊"捉贼，捉贼"的逃了。那时候，贼少爷在衣橱里是急极了，他想，"我的爹爹叫我来偷东西，那么他为什么把我锁在里边，岂不是叫他们活剥剥的把我捉住，送我到牢狱里去，尝铁窗风味吗？"可是他既而一想，"怎么样我可以出去？"便用嘴作老鼠咬衣服的声音，孜孜的一阵乱叫，居然有人给他开门了，他便乘着这个机会，把开门的人打倒，把蜡烛吹灭，等到仆人们来追赶他，他早已一溜烟的跑回家了。他看见父亲之后，第一声便问道："你为什么把我关在橱里呢？"那贼老爷道："我先要问你，你是怎么样出来的？"他便把实情一五一十的讲给贼老爷听，他听了之后，眉开眼笑的说道："你也干得了！"要是这位贼少爷,在困难发生的时候,不用思想,他早已大声的喊道:"爹爹啊!不要关门啊"了。

我们读书不当死读,要讲合用;在书本之外,尤其要锻炼脑力,运用思想,和我的父亲,禅宗中的烧饭者和贼少爷一般无二。他们是能用有条理有系统有方法的思想,去解决他们的困难的。

我记得前几天有一个日本新闻记者问我:"现在中国青年的思想是什么?"我便很爽快的答道:"中国的青年,是没有思想的。"这一句话,我觉得有一点武断,并且很对不起我国的青年,可是我也有不得已的苦衷。当我在北京大学教论理学的时光,我出了三个问题:

(一)照你自己经验上讲,有何可称为思想的事实?

(二)在福尔摩斯的侦探案中,用科学方法分析出来有何可称为思想的事实?

(三)在科学发明史上,有何可称为思想的事实?

到了后来,第二第三都能回答得很对,第一问题简直回答的不满十分之二,而他们所回答的,完全是答非所问。这便因为他们平时不注意于运用思想的缘故。

(本文为1925年10月28日胡适在光华大学的演讲,赵家璧记,原载1926年1月5日《学生杂志》第13卷第1期)

哲学的将来（提要）

（一）哲学的过去

过去的哲学只是幼稚的、错误的或失败了的科学。

宇宙论→天文学、物理学、生物学、生物化学。

本体论→物理、化学、生物、物理化学、生物化学。

知识论→物理学、心理学、科学方法。

道德哲学→社会学、人类学、心理学、生物学、遗传学。

政治哲学→经济学、统计学、社会学、史学……

（二）过去的哲学学派只可在人类知识史与思想史上占一个位置，如此而已

哲学既是幼稚的科学，自然不当自别于人类知识体系之外。

最早的 Democritus 以及 Epicurus 一派的元子论既可以在哲学史上占地位，何以近世发明九十元子的化学家，与伟大的 Mendelief 的元子周期律不能在哲学史上占更高的地位？

最早乱谈阴阳的古代哲人既列在哲学史，何以三四十年来发现阴电子（Electron）的 Thomson 与发现阳电子（Proton）的 Rutherford 不能算作更伟大的哲学家？

最早乱谈性善性恶的孟子、荀子既可算是哲学家，何以近世创立遗传学的 George J.Mendel 不能在哲学史上占一个更高的地位？

最早谈井田均产的东西哲学家都列入哲学史，何以马克思、布鲁东、亨利·乔治（Henry George）那样更伟大的社会学说不能在哲学史占更高的地位？

（三）哲学的将来

1.问题的更换　问题解决有两途：

（1）解决了。

（2）知道不成问题，就抛弃了。

凡科学已解决的问题，都应承受科学的解决。

凡科学认为暂时不能解决的问题，都成为悬案。

凡科学认为成问题的问题，都应抛弃。

2.哲学的根本取消

问题可解决的，都解决了。一时不能解决的，还得靠科学实验的帮助与证实。科学不能解决的，哲学也休想解决。即使提出解决，也不过是一个待证的假设，不足于取信现代的人。

故哲学家自然消灭，变成普通思想的一部分。在生活的各方面，自然总不免有理论家继续出来，批评已有的理论或解释已发现的事实，或指摘其长短得失，或沟通其冲突矛盾，或提出新的解释，请求专家的试验与证实。这种人都可称为思想家，或理论家。自然科学有自然科学的理论学，这种人便是将来的哲学家。

但他们都不能自外于人类的最进步的科学知识思想，而自夸不受科学制裁的哲学家。他们的根据必须是已证实的事实；自然科学的材料或社会科学的统计调查。他们的方法必须是科学实验的方法。

若不如此，但他们不是将来的思想家，只是过去的玄学鬼。

将来只有一种知识，科学知识。

将来只有一种知识思想的方法：科学证实方法。

将来只有思想家，而无哲学家：他们的思想，已证实的便成为科学的一部分，未证实的叫做待证的假设（Hypothesis）。

（本文为1929年6月3日胡适在上海大同大学演讲的提要，收入胡颂平编撰：《胡适之先生年谱长编初稿》第3册）

儒教的使命

我在这个讨论会里第一次说话就声明过,我不是一个儒教徒[1],后来我坐在这里听何铎斯博士(Dr. Hodous)的演说,听到他提起我,也许有心,也许无意,把我认作儒教里属于自然派的运动的一分子。我当时真不知道,我是应当维持我原来的声明呢,还是应当承认这个信仰的新性质呢?但是何铎斯博士在演说的末尾说:"儒教已经死了,儒教万岁!"我听了这两个宣告,才渐渐明白,——儒教已死了——我现在大概是一个儒教徒了。

儒教并不是一种西方人所说的宗教。我在大学(芝加哥——译者)演讲,在这里说话,都曾尝试说明有过些时期是

---

[1] 译者原注:胡先生在第一次说话里声明他不是任何宗教的信徒、只是研究中国智识及宗教的一个学人,见 Mondem Trendsin World-Religious 第五章。

一个宗教——是一个有神论的宗教。但是就整个来看,儒教从来没有打算做一个有神论的宗教,从来不是一个用传教士的宗教,儒教从来不做得仿佛相信它本身是完全靠得住的,儒教从来没有勇气跑出去对那些非教徒宣讲福音。这样说来,主席方才介绍我说话,他用的字眼有点和介绍别人的不同,是很有道理的。他没有宣布我的题目是"儒教作为一个现代宗教的使命",只说我要略谈一谈从儒教的观点看现代宗教的使命。

我想这是很有道理的。儒教,正如何铎斯博士所说,已经死了。它是自杀死的,可不是由于错误的冲动,而是由于一种努力,想要抛弃自己一切逾分的特权,想要抛弃后人加到那些开创者们的经典上去的一切伪说和改窜。

我在大学演讲,有一次说过,儒教的最后一个拥护者,最后一个改造者[1],在他自己的一辈子里,看到儒教经典的一个主要部分,一个最通行,最容易读,因此在统制中国人的思想上最有势力的部分,已经被打倒了。这样说来,儒教真可算是死了。

孟子是儒家最伟大的哲学家,他的影响仅次于孔子,曾说过:"人之患,在好为人师。"儒家的经典里又常说:"礼闻

---

[1] 译者原注:1933年胡先生在芝大比较宗教系的演讲,第二年由芝大出版,书名是Chinese Renaissance。

来学,不闻往教。"儒教从来不教它的门徒跑出去站在屋顶上对人民宣讲,把佳音带给大地四方不归信的异教徒。由此可以看出来,儒教从来不想做一个世界的宗教,儒教也从来不是一个用传教士的宗教。

然而,这也不是说,孔子、孟子和儒家的学者们要把他们的灯放在斗底下[1],不把它放在高处,让人人可以看见。这只是说,这些人都有那种知识上的谦虚,所以他们厌恶独断的传教士态度,宁愿站在真理追求者的谦虚立场。这只是说,这些思想家不肯相信有一个人,无论他是多么有智慧有远识,能够说完全懂得一切民族,一切时代的生活与道德的一切错综复杂的性质。孔子就说过:"丘也幸,苟有过,人必知之。"正是因为有这样可能有错误的意识,所以儒教的开创者们不赞成人的为人师的欲望。我们想要用来照亮世界的光,也许其实只是把微弱的火,很快就要消失在黑暗里。我们想要用来影响全人类的真理,也许绝不能完全没有错;谁要把这个真理不加一点批评变成教条,也许只能毁坏它的生命,使它不能靠后来的新世代的智慧不断获得新活力,不断重新被证实。

---

[1]　译者原注:把他们的灯放在斗底下: to conceal their light under a bushee, 此处的成语出自《马太福音》第五章:"人点灯,不放在斗底下,是放在灯台上,就照亮一家人。"

因此，现代宗教的第一个使命就是做一次彻底而严格的自我考察。"知道你自己"，在世界宗教的一切大诫命里应当是首要的一条。我们应当让自己信得过，我们给人的是面包，不是石头。我们应当让自己可以断定，我们想要与世界分享的真理经得住时间考验，而且全靠它自己的长处存立，不靠迫害者的强暴，也不靠神学家和宗教哲学家的巧辩。我们应当让自己深知道，所有那些用他们的教条和各时代里的布鲁诺（Bruno）们，加利略（Galileo）们，达尔文们为敌的人，并没有给他们的宗教增光彩，反倒使它成了世界文明的笑料。

接下去，现代宗教的第二个使命，我相信，就是配合着自我考察的结果，情愿作到内部的种种改造——不但要修改甚或抛弃那些站不住的教义教条，还要改组每个宗教的制度形式的，灭消那些形式，甚或，如果必要，取消那些形式。教人知道生命可以失而复得，是各大宗教共有的精神。反过来说，在堕落的情况中生存下去还不如死，也是真理。这一点对欧、美、印度、日本那些高度有组织，高度形式化的宗教说来是特别有意义的。

我们研究中国宗教的历史，可以看到很可注意的现象：因为那些宗教的制度形式薄弱，所以新的宗派总是渐渐的，几乎不知不觉的代替了旧的宗教。禅宗就是这样慢慢代替了一切旧派；净土宗也这样慢慢浸入了所有的佛教寺院和家庭，儒教也是这样，东汉的注家慢慢盖过了较古的各派，后来又和平的让位给朱子和他那一派的新解释；从宋学到王阳明的转变，随后又有趋向于近三百年的考据学的转变，都是以同样渐进方式完成的。

别的宗教却都不是这样。他们的每一个新运动都成了定理，都抗拒再进一步的变化。圣芳济会（Franciscans）在十三世纪是一个改革运动，到了二十世纪却依然是一个有权势的宗教，路得派与加尔文派在基督革新的历史上都占一个先进地位，到了我们当代却成了反动教派。所有这许许多多的宗派，本来应当是一伟大宗教的一条演进的直线上的一些点或阶段，在今日却成了一个平面上并存的相对抗的势力，每一个都靠制度形式和传教工作使自己永存不灭，每一个都相信只有它可以使人逃避地狱之火而达到得救。而且，这样不愿失了历史的效用只想永存下去的顽强努力在今日还引起一切更老的宗教的仿效，连中国的太虚和康有为也有仿效了。要求一切宗教，一切教派，一切教会，停止一切这样盲目的对抗，宣布休战，让他们都有机会想想所有这一切都为的是什么，让他们给宗教的和平、节省、合理化定出一部"全面的法典"——难道现在还不应当吗？

一个现代的宗教的最后一个大使命就是把宗教的意义和

范围扩大、伸长。我们中国人把宗教叫做"教",实在是有道理的。一切宗教开头都是道德和社会的教化的大体系,归结却都变成了信条和仪式的奴性的守护者。一切能思想的男女现在都应当认清楚宗教与广义的教育是同在共存的,都应当认清楚凡是要把人教得更良善,更聪智,更有道德的,都有宗教和精神的价值;更都应当认清楚科学、艺术、社会生活都是我们新时代、新宗教的新工具,而且正是可以代替那旧时代的种种咒语、仪式忏悔、寺院、教堂的。

我们又要认清楚,借历史的知识看来,宗教不过是差一等的哲学,哲学也不过是差一等的科学。假如宗教对人没有作用,那不是因为人的宗教感差了,而是因为传统的宗教没有能够达成它的把人教得更良善,更聪智的基本功能。种种非宗教性的工具却把那种教化作得更成功,宗教本身正在努力争取这一切工具来支持它的形式化的生活。于是有了那些Y. M. C. A(基督教青年会)和那些Y. M. B. A(佛教青年会)。但是为什么不能省掉第三个首字母[1]呢?为什么不坦白承认这一切运动都已没有旧的宗教性了。为什么不坦白承认这一切如果有宗教性,只是因为他们有教育性,只是因为他们要把人教得更有道德,更尊重社会呢?又为什么不爽快把我们一切

---

[1] 译者原注:第三个首字母代表基督教的"C"和代表佛教的"B"。

旧的尊重支持转移到那些教育的新工具上，移转到那些正在替代旧的宗教而成为教导、感发、安慰的源泉的工具上呢？

　　因此，一个现代宗教的使命，大概就是要把我们对宗教的概念多多扩大，也就是要把宗教本来有的道德教化的功用恢复起来。一个宗教如果只限于每星期一两个小时的活动是不能发扬的；一个宗教的教化范围如果只限于少数几个神学班，这个宗教也是不能生存下去的。现代世界的宗教必须是一种道德生活，用我们所能掌握的一切教育力量来教导的道德生活。凡是能使人高尚，能使人超脱他那小小的自我的，凡是能领导人去求真理、去爱人的，都是合乎最老的意义的、合乎最好的意义的宗教；那也正是世界上一切伟大宗教的开创者们所竭力寻求的、所想留给人类的宗教。

　　　　（本文为1933年7月胡适在芝加哥大学的英文演讲，中译稿收入徐高阮著译《胡适和一个思想的趋向》）

颜习斋哲学及其与程朱陆王之异同

上　颜习斋所反对的理学

即卑汉、唐之训诂而复事训诂；斥佛、老之虚无而终蹈虚无。以致纸上之性天愈远，而学陆者进"支离"之讥，非讥也，诚支离也；心头之觉悟愈捷，而宗朱者供"近禅"之诮，非诮也，诚近禅也。（颜元《存学编》一、八）

一、从两晋到北宋（西历300—1100）是中国思想的"印度化"时代，其特殊性质为：①反伦理的（出家、不拜君主）。②出世的（出家、出三界）。③反人生的（非人的、以人生为苦、以遗身焚身为可贵）。

二、中国思想曾屡次反抗，但都无效。①打倒（三武一宗的毁法）。②仿造（道教）。③根本抵制（"本论"）（1）复兴中国本位文化（教育、刑政）。（2）建立中国玄学（理学）。

三、理学的目的是要打倒印度化的思想，但无形中沾染上了很多的印度思想的成分；他又想打倒道教，但无形中也沾染了很多的中古道教思想的成分。理学是一个不彻底的"中国本位文化建设运动"。

他们用《大学》做中国思想的基本架子：

这个架子本来无大弊病。弊病在于"怎样做到这个纲领"①怎样格物？②怎样致知？③怎样正心诚意？④怎样修身？

四、程、朱一派提出了一个新纲领："涵养须用敬，进学则在致知。"（伊川）①致知必须格物，格物就是"即物而穷其理。""今日格一物，明日又格一物。"积久就会有"豁然贯通"之一日。这是致知。②敬是"主敬"，目的是无欲，"去人欲，存天理"；方法呢？就是静坐，"终日端坐，如泥塑人。"程子的后辈又教人静坐体认："喜怒哀乐之未发"以前是何气象。这完全是中古宗教的静坐禅定的态度。

五、"格物致知"的路子,是科学的路子。但太早了,太缺乏科学的背景了,所以始终行不通。程子和朱子都把"物"解作①读书穷理,②尚论古人,③待人接物。朱子确能做到读书穷理。他在考证、校勘各方面都有开山之功。但这条路实在太难了,许多懒惰的人,太聪明的人,都不愿走。

六、所以陆、王一派反对"格物",以为"支离破碎"。王阳明格竹子的故事,最可写此心理。此派认理在人心,不在外物。致知是致吾心之"良知"于事物。格物是为善去恶。

七、陆、王一派有什么方法呢?象山说:"隆师亲友。"阳明一派说:静坐。阳明一派到了晚期竟完全成了主静的禅学和"囊风橐雾"的玄谈。"愧无半策匡时难,惟保一死报君恩。"

下　颜习斋的哲学

宁粗而实,勿妄而虚。(颜元《漳南书院记》)

一、**颜元**(生崇祯八年,死康熙四十三年,1635—1704),父为朱氏养子。四岁时,父出走。少时学仙,学拳术,不务正业,稍长始改行。十九岁,中秀才。务农,兼学医。二十四岁作《王道论》(《存治》)，初喜陆、王，后宗程、朱。三十岁有《柳下坐记》。三十四岁，义祖母死，居丧中忽有大觉悟。(坐卧地炕，猛一冷眼，觉程、朱气质之说之非。因徐按其学，知其非孔门之旧。)三十五岁改名习斋。作《存性编》及《存学编》。三十九岁归宗。四十八岁著《存人编》。五十岁寻父出关。五十一岁得父骨。五十七岁南游到河南。六十二岁主教肥乡漳南书院。七十岁死。

二、颜习斋反对理学，屡说理学是"集汉晋释道之大成"。程子的两条路"致知"与"敬"，谢上蔡所谓"居敬穷理"，他都反对："穷理居敬四字，以文观之甚美，以实考之，则以读书为穷理功力，以恍惚道体为穷理精妙，以讲解著述为穷理事业，以俨然静坐为居敬容貌，以主一无适为居敬工夫，以舒徐安重为居敬作用。仆以为此四字正诸先生所以自欺而自误者也。"(《存学》二、六)总之，他批评理学有三大错：①以静坐为学，②以性命玄谈为学，③以诵读章句为学。他说："静极生觉，是释氏所谓至精至妙者，而洞照万象处，皆是镜花水月，只可虚中玩弄光景，若以之照临析戴，则不得也。……即使其静功绵延，一生不息，其光景愈妙，虚幻愈深。……盖无用之体，不惟无真用，并非真体也。"(《存学》二、二)至于性命玄谈，他说："性命之理，不能讲也，虽讲，人亦不能听也，虽听，人亦不能醒也，虽醒，人亦不能行也。"至于读书章句，他讥为"空言相续，纸上加纸"。(《记余》一、二)"人之岁月精神有限，诵说中度一日，便习行中错一日；纸墨上多一分，便身世上少一分。"(《存学》一、四)他的大弟子李塨也说："画家言，画鬼容易，画马难。以鬼无质对，马有佐证也。今讲'河洛'、'太极'者，各出心手，图状纷然；而致良知者，又猖狂自喜，默默有物。皆画鬼也。"(《论学》二、四)

三、他认清了宋儒理学的大毛病在于上了和尚道士的当，处处要和和尚道士争玄斗妙，所以他们努力要打倒和尚道士的路，其实还是走上了和尚道士的路；颜元最伟大之处在于不屑同和尚道士争玄斗妙。他对于印度化的思想，只有一条对治方法："彼以其虚，我以其实。"他看清了中国文化的特色只是平实粗浅的"三事"：①正德，②利用，③厚生。一切玄妙的、虚妄的谈天说命，谈心说性，都不是中国正统的思想。他要人想想为什么孔子"罕言命"，为什么孔门弟子说"性与天道不可得闻"。他说，这正是孔子的最伟大之处。古人"学、教、治皆一致也"。学的、教的、治的，都只是那平实粗浅的三事和

    六府：水火金木土谷，
    六艺：礼乐射御书数。

这才是"中国本位文化"。拿这些来打那玄虚的印度化,就是"彼以其虚,我以其实"。

四、所以他的哲学大旨是"宁粗而实,勿妄而虚"。他说:"学之亡也,亡其粗也。政之亡也,亡其迹也。"要"习事",不要说理。要学那粗浅的实迹,不要同和尚道士争玄斗妙。他说:"喜精恶粗,是后世所以误苍生也。"(《存学》一、一六)

五、他论性只认那"气质之性"是性。譬之目矣,光明之理固是天命之性,眶疱睛皆是天命之性。

六、他论学只是要人实学实习"六艺",包括水火兵农钱谷工虞。他的书院计划:

| 习讲堂 | 文事 | 礼、乐、书、数、天文、地理书 | 经史 | 十三经、历代史等 | 理学 |
| | 武备 | 兵法、及攻守营阵、水陆战法 | 艺能 | 水学、火学、工学、象数 | 八股 |

夫儒者,学为君相百职,为生民造命,为气运主机者也。(《记余》三、二一)儒之处也惟习行,儒之出也惟经济。

七、他的教学方法注重实习实行,故自号"习斋","性命之理不可讲也,虽讲,人亦不能听也;虽听,人亦不能醒也;虽醒,人亦不能行也。所可得而共讲之,共醒之,共行之者,性命之作用,如诗书六艺而已,即诗书六艺,亦非徒列讲听,要唯一讲即教习。习至难处来问,方与再讲。讲之功有限,习之功无已"。……"人之岁月精神有限。诵说中度一日,便习行中错一日;纸墨上多一分,便身世上少一分。"他说,"格物"如"手格猛兽"之格,格就是"犯手去做"。格物就是"身实习之,身实行之"。这个"习"字是他的教学方法的中心。他说:"吾尝谈天道性命,若无甚扞格。一着手算九九数,辄差。王子法乾讲'冠礼',若甚易;一习初视便差。以此知心中醒,口中说,纸上作,不从身上习过,皆无用也。"(《存学》二、二)他又说:"心上思过,口上讲过,书上见过,都不得力。临事时,依旧是所习者出。"(《存学》一、一九)他又说:"但凡从静读书中讨来识见议论,便如望梅画饼,靠之饥食渴饮不得。"(《存学》二、一六)只有实习实行过的知见是真实可靠的。他用医作比喻:"从事方脉、药饵、针灸、摩砭,疗疾救世者,所以为医也。读书,取以明此也。若读尽医书而鄙视方脉、药饵、针灸、摩砭,妄人也。不惟非岐黄,并非医也。尚不如习一科,验一方者之为医也。读尽天下书,而不习行六府六艺,文人也,非儒也。尚不如行一节,精一艺者之为儒也。"他又用学琴为比喻："诗书犹琴谱也。"讲解琴谱不是学琴；琴谱也不是琴。学琴必须弹琴，次习琴，能制弦制器，能作歌作谱。"心与手忘，手与弦忘，"始为"能琴"。

八、他的教学，要以粗代精，以实代虚，以有用代无用，以实习实行代诵读玄谈，以动代静，都是很伟大的见解。其中"以动代静"，更是前人所未敢道。他说："宋人好言'习静'，吾以为今日正'习动'耳。"（《年谱》上、五七）他的"习"字法，正是要用动的教学替代静的教学。"乾坤之祸莫甚于释氏之空无，宋人之主静。"（《年谱》下、四九）朱子赞其师李侗生平"不作费力事！"颜习斋大反对此言，说："儒者不费力，谁费力乎！"他常恨"静"的教学法养成了一个脆弱无能力的民族："汉宋以来，徒见训诂章句，静敬语录，与帖括家列朝堂，塞天下。庠序里塾中，白面书生……率柔脆如妇人女子，求一腹豪爽倜傥之气亦无之！"（《记余》一、五）（参《存学编》三、一二）所以他的学堂里，习艺之中包括武备、骑射、拳术、跳高、舞刀剑等等。他要养成一种文武的全才。他曾说，他"将六字强天下：'人皆兵，官皆将。'"（《年谱》下、一〇——一一）

九、颜元的思想也有很鄙陋之处，也有不能完全撇开中古宗教思想之处。但那都是时代的关系，不足为他诟病。他的最伟大之处正在于不怕人笑他粗浅鄙陋。"宁粗而实，勿妄而虚。"这八个字至今还可以做我们一切工作的箴言。他的思想至今是很"摩登"的。他的失败是由于他那个时代的知识技能都太幼稚了，不够帮助他做那正德利用厚生的教学工具。只有世界最新的科学知识和工业技术可以真正达到那三个大目标。[1]

（本文为1937年胡适在庐山暑期训练团的演讲稿，原载1941年7月16日香港《文史杂志》1卷8期）

---

[1] 此文发表时，文后附录何联奎1941年7月2日写给《文史杂志》编者的一封信。信中说："逮曾吾兄：适之师出使美邦后，久矣不得读其学术论著，同志论学，辄望详兴叹，兄其亦同感乎！二十六年，适之师讲学庐山暑期训练团，所讲'颜习斋哲学及其与程朱陆王之异同'一题，其精言粹义多为前人所未发。特检原稿，刊布《文史》，以飨同志，想亦适之师所许之也。专此顺颂刻安。"

谈谈中国思想史

在三千年中间的中国思想史,我想可以寻出一点线索来,不管它是向左,向右,或是向前,向后。中国思想史如此多的材料,如没有线索,必定要散漫。我的见解也许有成见,可是研究了三十多年,也许可给诸位作一参考。

简单说来,思想是生活种种的反响,社会上的病态需要医治,社会上的困难需要解决,思想却是对于一时代的问题有所解决。经济对思想的影响最大,尤其是在近两三百年来,经济极为重要。生活的方式,生产的方式,往往影响于思想。下面分三个时代来讲:

第一个时代——从商末到周初

在这个时期里经济并不占重要地位,几百几千年的生活方式和生产状态,并没有多大变迁,更无所谓产业革命。古代思想最重要的是政治和宗教。《史记》作者司马迁分古思想家为六派：即阴阳，道德，儒，墨，法，名等。但是这六派都是"皆务为治"，亦即怎样治理国家社会。廿九年来从发掘安阳商代文化，发现许多材料，可使我们了解古代政治和宗教的生活。那时的政治和宗教合在一起，且互为影响。他们的主要生活是祭祖，按照祖宗的生日排成祭日表，一年三百六十五天都在祭祀，那时的宗教以祖为本，而且是很浪费，很残忍，很不人道的宗教。人死之后，拿来殉葬的是宝贵的饰物和铜器等，牺牲品往往用到几十只甚至几百只牛羊，这是多么浪费！用"人"来祭祀，一为"殉"，即把死人所爱的人和死人埋葬在一起。一为"祭"，即以人作牺牲品来祭神，但多用俘虏。这又是多么残忍！由于这"宗教"的浪费和残忍！至少可以有一种反抗的批判的思想出来。由此，我们可以看出四种思想的产生：

第一点：人本主义。在纪元前三世纪至六世纪，思想很发达，无论那一派那一家，其共同的一点是注意到"人"的社会，并且首创不能治人，怎样祀神的论调，讲所谓"治人之道"。

第二点：自然主义。针对前时代反应而出的这种主义，是很重要的一点。"自"是"自己"，"然"是"如此"，所谓"自己如此"，亦即自己变成了自己。如乌龟变成乌龟，桃子变成桃子等。两千多年这"自己变成自己"的形质，形成中国思想上很大的潮流。如老庄的思想，即是含有这种思想。

第三点：理智主义，那个时代如孔子所谓："终日不食，终夜不寝，以思"。便是说明个人须作学问，并且提倡教育的路，无论那时学派思想如何复杂，也都是重知识，所以说已走上了知识主义，理智主义的大路。

第四点：自由思想。在若干国家对立时代，往往有思想的自由。那时有极端的个人主义者，如《吕氏春秋》；亦有提倡民主革命的，如《孟子》。

第二个时代——从汉到宋

这一时代发生了极新的问题，一是国家的统一，一是新宗教佛教的传入，而普遍全国。于是由此引起了两种思想，即：（一）在武力统一政治下，如何建立一文治政府，减低人民压迫。（二）如何挽救全国人民的宗教热。前者如何建设文治政府，遂产生了四种工具：

第一个工具：建立文官考试制度，自汉武帝时开始，这制度一直发展到科举制度。

第二个工具：汉武帝时设立太学，造就文官，至东汉时已有一万多太学生。

第三个工具：建树成文法律，提倡法治。

第四个工具：建设前一时代有同等权威而加强政治力量的经典，由此而断大案。

至于后者如何挽救宗教热,则有两点:第一点:提倡自然主义,如王充以自然思想解释自然现象。第二点:提倡人本主义,如范缜以人和物体相等视,有物体才有精神,韩愈的倡"原道",乃要人恢复到"古代之社会"。

第三个时代——从宋代以后

在这时代里产生了理学,亦即要恢复到古代好的制度和好的思想,拿本位文化来抵制非本位文化。理学亦即为道学,相信自然界有一法则存在。并且有两条路:一是"敬",一是"致知"。第一条路主敬,我们可以看出经过了一千多年,仍不免要受到宗教的影响。第二条路是致知,亦即扩展个人知识。天地之大,草木之微,其中皆存有一"理"在。在这七八百年当中,理学始终是走这两条路,并且也成了号称"中国的本位文化"。而"致知"更为"科学"的路,科学的"目标"。

总括的说,在从前的时代,工具不够用,材料不够多。现在则以全世界为我们的材料,以全世界为我们的工具,以全世界为我们的参考,那么我相信有比较新的中国思想可以产生!

(本文为1947年胡适在北京辅仁大学的演讲,紫云笔记,原载1947年6月《学风》第1卷第6期)

杜威哲学

第一讲

刘院长,各位先生,各位同学:

今天我到这里来讲杜威先生的哲学,我感觉到有点班门弄斧。在师范学院里当然有许多研究教育学说和教育哲学的专家,也有这些必修和选修的课程,想来诸位对于杜威先生的哲学一定研究过。

我在国外收到钱校长和刘院长的电报,他们邀我到台大和师院来作一种学术性的演讲,我以为他们还会写信来,给我一点详细的指示。后来一直没有信来;我看时候到了,就打了一个电报,提出两个题目;在师院的题目是"杜威哲学"。

杜威先生是我的老师。我们三十九年来,不但是师生的关系,而且还是很好的朋友。他在六十岁的时候在北平讲学；那个时候我在北京大学，我替他做翻译。以后他到太原、天津、济南各地去讲学，我也替他做翻译。我们又继续几十年的朋友关系。他在北京过六十岁生日的时候，我参加了；他过七十岁生日的时候，我没有参加，因为他在国外，我在国内。到了1939年，他八十岁的时候，我在美国做外交官，参加了他的生日庆祝；1949年，他九十岁的时候，我在纽约也参加了他的生日庆祝。他今年夏天刚过去，算起来活了九十二岁多。

今天我打算讲杜威先生的哲学思想；下一次讲他的哲学思想在技术方面的应用。

约翰杜威（John Dewey）生于公元1859年10月，死于今年（1952）6月。他出生的地方是美国东北部佛蒙特州（Vermont）的柏林顿城（Burlington）。这个地方是美国最民主的一个小州，是英国宗教家最早到达的地方，也是美国保留有最早的民主风气的一个地方。我曾经到这儿参观过，看到了世界最有名的真正民主制度。这个地方的议会，不是选举的代议制，而是全体市民直接参加。每逢市（村、镇）议会开会的时候，市民不论男女老少都踊跃出席；主席把已经宣布了的本市（村、镇）的问题提出来后，人人都可以参加讨论。这是一种真正的直接民主制度，使我看了非常感动。杜威先生就是生长在这个真正民主的地方的。

杜威先生最初进本州大学。后来到巴铁摩尔市（Baltimore）的约翰霍布金斯大学（Johns Hopkins University）研究哲学。这个大学在七八十年前是第一个新式的大学。它以研究院作中心。是以前大学所没有的制度——开美国大学风气之先。杜威先生就是这个大学研究院最早的学生当中的一个。美国有名的总统威尔逊也是从这个大学出身的。

杜威先生毕生从事教育，真正做到了孔子"学而不厌，诲人不倦"的榜样。他在约翰霍布金斯大学完成了学业以后，便在密歇根大学（University of Michigan）和明尼苏达大学（University of Minnesota）任教。1894年就任芝加哥大学（University of Chicago）哲学系主任。同时，他和他的头一个夫人合办实验学校，提倡新的教育；这是美国新教育的创始。1904年转任哥伦比亚大学（Columbia University）哲学系主任。1919年到日本东京帝国大学做了几次讲演后，著了《哲学的改造》一书，那一年正是中国五四运动的时候，蒋梦麟先生、陶知行先生和我，代表江苏省教育会，北京大学和北京大学的行知学会请他到中国来讲学。他本来预定在中国讲学几个月；后来因为对中国发生了很好的感情，继续住了两年，到处作了许多次的演讲。后来又到苏俄、土耳其、墨西哥等地。

1919年——民国八年，杜威先生到中国来讲学，我们几个他的学生，在他开讲以前，举行了几次公开的讲演，把他的思想做一些通俗的介绍。我的讲演有一部分收进了《胡适文存》。像《实验主义》和《最近五十年的世界哲学》两篇文章里，都提到杜威先生的思想。

杜威先生的教育哲学、教育学说，被公认为最新的教育理论，不但影响了全美国的学校，由幼稚园、小学、中学，到大学，也影响了革命初期的俄国。苏俄那时的教育制度，便是依杜威先生的理论制定的，后来革命的倾向改变，整个教育制度也就改变了。中国教育界自1919年到现在，也深受他的教育思想的影响。

以上只说杜威先生在教育方面的影响。其实，他的影响并不限于教育方面。这次我所要讲的杜威先生的哲学，可分为两部分：一部分讲他的哲学思想，一部分讲他的哲学思想几方面的应用。

杜威先生的思想，一般人叫它实验主义（Pragmatism），日本翻作实际主义；我们在民国八年做通俗介绍的时候，翻作实验主义。在讲杜威先生的思想之先，不能不说几句关于实验主义的话。

实验主义到现在已经有八十年的历史，共有三位大师：第一个大师是皮尔士（C. S. Peirce 1839—1914），是美国的大科学家。他于1877年开始提出了实验主义这个名字；他在一个通俗的讲演里面，提出一个问题："怎样可以叫我们的意思明白?"他的答案是："科学实验室的态度"。那就是说，科学实验室的方法和配备，可以使我们的意思、思想明白，你无论同做科学实验的人讲什么，他总是说让我来实验一下，看这句话会发生什么效果。这个效果就是你所说的话的意义。如果照你说的话做一个实验，实验出来某种效果，你那句话就是有意思的，如果你的话没有法子实验，实验不出效果，那么，你的话就没有意思，就是瞎说，胡说。这就是"科学实验室的态度"。就是说拿一样东西，一个观念或者一种思想的效果的结果，来批评某种学说或思想。

做科学实验的人，无论实验物理、化学、地质、生理或心理，都要先有一个思想（假设的理论）：照这样的设备，这样的布置，做起这样的实验来，应该产生某种效果。如果实验的结果不产生某种效果，那就证明了前面的理论是错误的，就应加以修改。另外装置起来重新再做实验，看看这个修改过后的理论对不对。科学家在实验室的态度，就是实验主义。无论什么东西，都要拿这种态度来说明，来解释，来实验。

皮尔士是实验主义三位大师中的第一位大师。他所提倡的就是"科学实验室的态度"。以这种态度应用到人生上，凡是思想、理论、概念，都得用这种态度来批评它，解释它，说明它，才可以使它的意义清楚。我们看这个思想或概念,在人生行为上发生什么效果;再拿这效果来批评,来说明这个思想或概念;这等于在实验室里面用某种器具,某种设备做实验而产生的效果,再拿效果来批评理论一样。简单的说,一切有意义的思想或概念,都会在人生行为上发生实验的效果。如果要决定这个思想或概念是不是有意义,只要看承认它时有什么效果发生,或者不承认它时又有什么效果发生。如果承认它或者不承认它时都不会发生什么效果,那么,这个思想或概念就毫无意义了。科学实验室的态度就是用来解释,说明一切思想、观念、概念,使得思想、观念、概念的意思清楚的。

实验主义的第二位大师詹姆士(William James 1842—1910),和皮尔士是同一个时候,同一个地区的人,也是同一个学校(哈佛大学)的朋友。他本来是学医的;后来转到心理学,在心理学上开了一条大路。他的著作有《大心理学》和《小心理学》。他的《大心理学》在世界心理学史上,占了一个很重要的地位。

詹姆士把皮尔士的基本观念应用到各方面,拿来做科学和哲学的方法论、真理论、宇宙论。(各位若要知道详细,请参阅《胡适文存》第一、二集。)

詹姆士虽然是科学家,但是他出身于宗教家庭,富有宗教情感。他的实验主义的发生,是为求怎样使得意思、概念明白清楚。他把皮尔士的方法推广到各方面去。他以为讨论某种事体，某种概念或信念，某种宗教信仰或某种人生信仰，都可以用这个标准来批评，看它在人生行为上发生什么效果。如果发生了某种效果，就拿这个效果来决定是真的还是假的，是有价值的还是没有价值的。因为他把这个方法应用到宗教方面，他相信某种宗教的信仰能得到某种安慰和某种人格的行为上的改造，便有人批评他应用的范围太广，不免有一点危险。举例来说：二十年前左右，美国一位有名的传教士艾培先生到北京来找我。他说："胡先生，听说你是一个实验主义者。我要同你谈谈实验主义。"我说："好吧！"他举起左手说："这边一种信仰，认为人生等于一只狗一只猫，没有希望，没有前途，没有天堂地狱，没有将来的生命：这是悲观主义的信仰。"又举起右手说："这边的一种信仰，有天堂，有上帝，有将来，有死后的生命：这种信仰叫人乐观，叫人往前进，用实验主义的批判，一定放弃那边的悲观信仰，而接受这边的乐观信仰。"我说："我这里有一块洋钱，另外有一张百万美金的支票。艾培先生，你知道我胡适决没有一百万美金，支票是空头的。以一百万美金和一块洋钱相比，支票可以说是代表乐观的。你是接受一块洋钱，还是接受一百万美金的支票呢？"他说："我当然接受一块洋钱。"

由这个例证看来，严格的实验主义，总是用科学实验室的方法，先归纳观念的意思，把观念的真假确定之后，再来考虑那偶然发生的某种希望是真的还是假的。如果滥用实验方法，便是放弃真实的洋钱，而取空头的支票了。詹姆士因为富于宗教情感，偶然不谨严一点，因此引起人家的批评。

（对于詹姆士，我说得太简单了，似乎有一点不公道。不过很短的讲演里，难免有过度简单化的毛病。这要向各位先生道歉的。）

第三位大师就是杜威先生。他是实验主义运动中第三个领袖，年纪比前两位轻一点，寿命又特别长，活到九十多岁，所以他的影响最大。他运用方法也比较谨严，所以他的影响也比较健全。要讲杜威先生的思想，应该先讲一点他的思想的背景。这是很重要的。

第一，就是方才所讲的，他生长的区域是一个真正民主的社会：没有阶级，绝对自由，不是间接的代理民主，而是直接实行民权的真正民主社会。所以他从小就有民主的习惯。最能代表他思想的著述，有《学校与社会》和《民主与教育》二书。后一本书在中国有译本。

第二，两三百年来的科学方法——皮尔士大师所提倡的科学方法，就是应用到自然科学方面的，如物理学、化学、生物学、地质学等这一类实验科学的方法。

第三，十九世纪后半叶产生"生物演化论"，也就是所谓"生物进化论",中国严复先生译为《天演论》。在杜威先生出生的那一年（1859年）,就是达尔文名著《物种由来》出版的那一年。这本书出版后轰动全世界的生物学界。当时就引起了宗教家和哲学家的反对。后来（1871）达尔文又出版了一本《人类的由来》。这本书里面就不客气的继续"物种由来"而说人类是由下等动物,经过几十万年的进化演变,由和猴子相似的动物变成人猿,由人猿再演进成为人的。达尔文花了三十年的苦工,才敢提出这个研究的结果。所有物类的演变,开始都是很微细的,而后逐渐变异。在某种环境之下,旧的生物感觉到不适于这一个环境,或者过热,或者过冷,或者过于潮湿,或者过于干燥,而其中有一部分偶然起了小小的变化,并且这种变化比较更能适合于环境一点,这一部分就继续生存下来。其余没有变化的慢慢就淘汰了,灭亡了。于是这一部分的微细变化,就更加的向适于生存在某种环境中的那种特性格外发展。因为坏的已经死光了,结果,存在的慢慢就成了新的物类。所以《物种由来》的根本说法,就是说物类都是由于很微的变异因为适于生存而不被淘汰而来的。这就是所谓"自然选择"或"物竞天择"。所谓进步,所谓演化,并不是整个笼统忽然而来的;是由一点、一滴、一尺、一寸、一分的很微细的变迁来的。并不是猴子一类的动物一跳就变成人猿;人猿再一跳便变成了人的。例如人的两手，由于我们的老祖宗偶然用后面两条腿站起来，久而久之的结果，成了习惯慢慢的前面两条腿变成手了。在比较解剖上可看出：人类的手，鸟类的翅膀与许多动物的前肢，都是由于这种变异而来。但是这种变异都是经过了几十万年的过程，由一点一滴的聚积而成的。

达尔文的进化论，不同于马克思的辩证法。马克思的辩证法是根据黑格尔的辩证法；这种辩证法与天然演进的科学方法是不符合的。

总之，杜威先生的哲学思想，就是由这三个背景产生出来的，而最要紧的是他注重科学方法，也就是继承皮尔士、詹姆士实验主义的传统，以科学实验室的方法做基础来讲真理问题，哲学问题、知识问题、道德问题以及教育问题。所以第二个背景是很重要的。他不满意詹姆士的那种广泛的引用实验主义的方法，所以他不大喜欢这个名词，把实验主义改名"试验主义"（Experimentalism）。因为实验主义未免太注重效果；像方才我讲的那个传教士的说法，拿宗教的效果来标榜或滥用。所以与其叫实验主义，不如叫试验主义。后来他又说：一切的思想、知识、经验，都是生活的工具，生活的基础。每一个人所有过去的经验，和现在的经验，都是为帮助将来生活的工具。天地间一切真理、一切学术、一切教育，以及什么圣人贤人的话，天经地义的金科玉律，都不过是工具。这都是帮助我们解决问题的，帮助我们提一个暗示、一个假设的工具，所以便有人说杜威是工具主义（Instrumentalism）的一派。

方才我说，两三百年来，物理学家、化学家、生物学家、地质学家们给我们建立了一个可用的科学方法。杜威先生这样想：我们为什么不拿这个方法来普遍的应用，而只限制在物理、化学、生物、地质方面？为什么不应用到改善精神方面？杜威先生以为这一种科学方法，在实验室内应用了二三百年，并没有流弊，的确是一种可以建立起的最好的方法。这个方法就是自己本身批评自己与纠正自己错误的作用。在试验以前，一切先要有假定。比如假定有甲、乙、丙三个条件，在这三个条件具备的时候，就产生丁、戊、己的结果；那么，我们就把甲、乙、丙三个条件设备起来，看是不是产生丁、戊、己。如果产生，就是对了；如果不产生，就是错了。这个方法是：自己批评自己，自己纠正自己的错误；随时修正，随时发明。所以科学方法根本的观念，不单是求知识，还可以处处发明和发现错误。发现错误与发明正确是同样重要的，是同样可以增加知识。求知与发明，和发现错误联合一贯，再看效果，就是实验的方法——科学的方法。这一种方法为什么二三百年来，不应用到所有精神的领域，所有道德、教育、政治、社会方面去呢？最重要的尤其是宗教、道德方面，为什么不应用呢？

要说明这个历史，就要回到方才所说的三个思想背景。杜威先生说：现在的民主社会，是没有阶级；而古代的社会是分阶级的。所以古代有劳心者，有劳力者；有统治者，有被统治者；有君子与小人的区别。古代社会分有阶层：因职业上、生活上的各种关系而分了阶层。因此，在新的科学出来以后，许多人都认为这是危险的；认为如果这种思想推行广了，就要影响并且动摇社会的基本思想了；认为古久传下来的宗教、伦理、道德的思想都要动摇了；所以由于社会有阶层的关系，就使思想也分了区域。新的科学是没有方法驳倒的；新的化学、物理等知识一天天的加多，就得想出一个调和的办法，才可以使科学方法不影响到宗教、道德方面。这个就是分区而治。这是杜威从历史上看出来的。你们的新思想只能限于某一区域，不要到精神的领域来；不然，就要受统治者的制裁。结果大家为了避免统治者的干涉或宗教的审判，怕在火上被烧死，于是就愿意，只要你们让我们研究物理、化学，我就不来麻烦道德和宗教。道德、宗教方面也就表示只要你们不来麻烦道德、宗教，我们也就允许你们研究自然科学。你们研究的是物，我们研究的是心；我们分区而治，各不侵犯。所以在这个社会有阶层的情形下，思想在不知不觉中就分成了唯心和唯物两派。我们是物质的，你们是精神的；你们是形而上的，我们是形而下的；大家分区而治。

可是现在我们不同了。杜威先生说：现在到了民治时代；民主制度下是没有阶级的，没有阶层的。我们应该打破从前反映社会阶层的分区而治和各不侵犯的观念。要进到"下学而上达"的地步，要打破精神与物质的区画，打破心与物的分别。所以杜威根本的哲学，就是要反映无阶级的民主思想，没有心与物的区分，没有形而上与形而下的区分，方法只是一个；没有界限没有阶层。

三十多年前，杜威在日本讲学时，讲"哲学的改造"，说改造那是客气；实际上他要革命，要推翻二三百年来唯心唯物的划分。他说：古代思想的最大错误，就是没有懂得所谓"经验"（Experience）。从前的学者，把经验分成主观的和客观的。但真正讲起来，什么叫做经验呢？杜威先生曾经说："经验就是生活。"生活是什么呢？"生活就是应付环境"。人生在这个物质的客观环境里面，就要对付这一个环境。对付它，就是我对物、物对我。这种对付环境的生活，就是经验。应付环境，不是敷衍，而是要天天接触环境来得到新的知识。应付环境就是时时刻刻，在增加新知识和新经验，新技能和新思想。人在这环境之中，时时刻刻免不了有困难发生。因为要解决这种困难，就引起了思想的捉摸与觉悟。因为思想的作用，就逼得你不仅是无意识的应付环境，而且应付环境的方法，其内容更加强更丰富了。新的知识与新的经验加上思考力的结果，应付环境觉得更满意了，格外成功了。所以经验是时时刻刻在增加应付将来新环境的力量。这就是与方才所说生物的进化一样，也是由一点一滴而来的。我们在那一点钟一分钟之中，今天这一部分人，应付这一个环境，需要某种的应付方法，还要有怎样的改善方法：这决不是笼统一下子可以得到的。人的知识、经验和生活，与生物的进化一样，是从一点一滴的解决问题，解决环境的困难而成的。我们看小姐们颈项上挂的珍珠是怎样来的呢？海里的老蚌，在张开蚌壳的时候，有沙粒跑了进去；因为它没有手，不能把沙粒拿掉，又感觉到剧痛，于是它就本能的应付环境，从自己身上分泌出一种汁液来包围，这粒沙慢慢的裹大了，久而久之，就成为一粒珍珠。这是老蚌本能的应付环境：没有知识，没有思想，很老实的不断的在应付环境，逐渐的分泌汁液，将沙粒包围，结果就成为珍珠。人类是所谓"万物之灵"，当然与蚌不同。在他遭遇到困难的时候，能够用思想，能够用过去的经验；祖宗积下来的，和学校、社会以及书本中得到的经验、知识、学问，都可以活用，都可以拿来应付环境。所以杜威先生说："教育是要人用知识、用思想的方法；用最好最稳当的方法来思想，来帮助经验，来控制和改善经验,使将来的经验比现在的经验更满意、更能够应付环境。"比起老蚌糊涂无知的、本能的应付环境,解决困难,我们人类是好得多了。因为我们有前人留下来的知识经验,学校给我们的知识经验,和三百多年来的科学家们给我们方法,帮助我们实验应付环境。我们所得到的结果,虽然没有像珍珠那样漂亮好看,但是照杜威先生的意思,这结果却是真的知识,却是活的经验,一点一滴都是珍珠。人的整个经验,一点一滴都是真理,都是宝贝。那宝贝是看不见的;但是在脑子里,在心灵里,一天一天的积累,就愈来愈灵活了。

这个经验,就是教育。这种教育哲学,就是杜威先生的基本思想。

第二讲

上次我讲演的时候,讲了一点杜威先生的根本哲学。他写的书很多,有好几十种,重要的也在十种以上,所以不容易一下子抓住一个扼要的地方。但是我上次曾经提出了他的三点背景。大家研究他的思想,就要从这三个假定的背景着手。第一,他是生长在美国北部福蒙特州的柏林顿城。那个地方是一个没有阶级,真正民主的社会,所以他的一切著作，差不多是很自然充满着民主的气息的；第二，三百年来的科学方法，尤其是科学实验室的方法，也是他当然的背景；第三，十九世纪中叶以后，生物演化的思想，注重在一点一滴的演变，一点一滴的进步；而生物之所以演变，是由于应付环境；因为随着环境的需要，不能不改变。改变不是一下子天翻地覆的改变；往往起于很细小的改变，而后一点一滴的聚集多了，就有了适应环境的能力。能够适应环境的就能生存；不能适应环境的就毁灭了、淘汰了。这个观念在杜威先生思想里面也是很重要的。

看这三种背景，我们作他的学生的和研究他的学术的，觉得他的基本观念，可说是他的经验论。

在十多年前，有一次我去看他。那时他的一部新书叫做《经验与自然》的刚出版没多久。他很高兴地对我说："现在有许多人说它新；三十年后就成了老东西了。因为大家都接受了这理论，就不觉得新奇了。"当时他对于自己的新书也不免得意。他那个"在现在是新的，三十年后大家就不觉得新奇了"的意思，至少我们作过他的学生的人觉得是很对的。

这几十年来，他所谓"经验"，就是我在上次讲演的后半段所讲的"经验论"，在他的方法论上和应用在教育上，确实是很基本的。综合起来说，经验就是生活。生活就是应付四周围的环境。对付环境，适应环境，控制环境，改造环境；这就是生活，这就是经验。这并不是十八世纪到十九世纪一些哲学家所谈的经验主义。从英国开始的所谓经验主义的哲学家，在那时也是受了二百年来自然科学的影响，所以他们反抗旧的哲学，提出一种经验论（Empiricism）。经验主义的说法，就是说一切人的知识都起于经验。而经验是什么呢？英国一派的经验论哲学家说，经验就是感觉，就是一个一个零碎的感觉。感觉影响直接的经验。这种说法太琐碎了。大陆上理性主义派（Rationalism）的哲学家，可以德国的来勃尼慈（Leibniz）为代表。他说：前一句话"一切知识起于经验"是对的；但是我要加半句话，"除了理智本身"。我承认一切知识起于经验。这句话怎样讲呢？就是零碎的经验感觉，还需要一个超经验的理智来统制它，来归纳它，使这些零碎感觉成为一个系统，起综合的作用。大陆上理性主义者要和经验主义对抗，在零碎的感觉之外，还得有一个理性或者理智。发扬这一派的就是德国的康德哲学。他承认经验，但是还要一个理性，纯粹理性作用的范畴。理性里面有很多范畴；某种时间是个范畴，某种空间又是一个范畴。让这种理性范畴整理它，归纳它，管理它。这许多范畴就像桌子的许多抽屉一样；这样东西放到这个抽屉，那样东西放到那个抽屉，然后才可以真正了解它。这种心与物的观念，照杜威先生的看法，都是因为时代的关系。杜威先生说：新的科学不是一天起来的，是在过去三百年中一步一步起来的：第一步是十七世纪，是新的天文学，新的数学；第二步是十八世纪，是物理学化学的时代；到了第三个一百年——十九世纪，才兴起来了生物的科学，包括地质学。杜威先生说，前一个时期的思想，把心和物分开，把琐碎的感觉和综合的理智分开了，都是由于各个时代的科学的关系。十八世纪时期也还没有到十九世纪后期生物学的时代；到了十九世纪实验科学时代，可以说使我们对于经验很了解，对于一切生物活动的状态也了解了，因此我们可以得到一个新的经验看法；就是生物的经验，尤其是高等动物的人类的经验，是不分阶级的，只是程度稍有不同。达尔文的书叫做《物种由来》，就是说并不是上帝忽然在一天的工夫把各种生物都造好了。各种生物都是有来源的。怎么来的呢？是一步一步演变来的。这个观念是新的。我们现在经过了三百年的实验科学，尤其是经过百多年的生物科学，我们应该了解当前我们人的大问题，是怎样对付外面环境的变迁，才可以使这些变迁朝着对于我们将来的活动有益的方向去。一切生物动物，都是这样的，都是要适应环境。但是人要不同一点。人类的活动，全靠我们有知识、有思想；能够用知识和思想来管理环境，控制环境，改变环境，改造环境。什么叫"改造"？改造就是要使有害的势力，变成无害的势力；使无害的势力变成有利的势力。这种不断的生活就是经验。从物类到人类都是一样。不过人的思想智慧高，改造环境、应付环境的能力也就大些。这种观念，我们认为是杜威先生哲学的基本观念。他根据科学的实验方法，尤其根据近百多年的生物学的进步：由生物学进到生理学，由生理学进到心理学，从实验的心理学到儿童心理学、动物心理学、变态心理学（这些学科，当然难有一个严格的次序的）：这都是使我们了解人类生活是怎样的。我们无论从那一方面看，都可看出经验就是生活，生活就是适应环境。到了人类在这种适应环境的生活里面，人类的知识思想，都是很重要的，都变成很重要的工具。所以人同物类不同。人类能够充分的用这种自觉的思想作用，来指挥生活；能够运用人的这种能力，运用一切过去的经验，过去所得到的知识，来利用环境——征服它，统制它，支配它：使生活的内容格外丰富，使生活的境界格外壮大，使生活的能力格外自由发展，使生活的意味格外提高。这种思想经验作用，到了为人类运用时，杜威先生叫作"创造的智慧"。这种智慧，只有人才会有。而生活经验并不是琐碎的感觉，并不是感觉之外另有一个理智（或者叫作智力）来指挥的。主宰的乃是人的脑筋，——人的身体的一部分，人本来有的官能，就是我们的神经系统，神经中枢，也就是脑子。这个神经中枢指挥的神经的作用，能够因为应付环境，而不断的努力,不断的改造,不断的进步,使创造的智慧加多。到了那个时候,就能够随时随地改造环境,应付环境。这时候,人的脑袋就够得上叫做"创造的智慧"。

杜威先生的基本观念,具体地说,是把经验用于哲学的各方面。他有很多著作。最重要而销路最广的,是《我们怎样思想》。在美国学校里,无论是中等学校或是大学,都拿这本书作教科书。在教育方法上、论理学和知识论上最有影响的,就是这本书。杜威先生说,"经验就是生活"。人的经验,就是充分运用思想的能力来应付环境,改造环境,使将来应付环境更好,更容易,更适当,更满意。所以杜威先生把基本观念用在思想上。当然,思想有简单的思想,复杂的思想,胡思乱想的思想,没有条理的思想,有条有理的思想。杜威先生以为有条理的思想的发生,大概可以分为五个步骤。这是他的一个很大的贡献;我现在简单的叙述一下。

第一步:思想的来源,或者说,思想的起点。思想不是悬空的。胡思乱想,不算思想。凡是真正有条理的思想,一定是有来源,有背景,有一个起点的。这个起点是什么呢?思想都起源于困难的问题。人生的动作碰了壁,碰了钉子,碰到一个困难的环境,行动发生了障碍,要想打破这个困难,因而才有思想。譬如呼吸:大家都要呼吸的,差不多是一个自动的动作,用不着思想的作用。但是有许多动作是没有那么自然自动，没有像呼吸、睡觉那么容易。真正的思想，是动作碰了壁才发生。比方我要找我的朋友张先生，我一个人走到三岔路口，不知是去第一条路、还是第二条路或者第三条路。这时候才想起：我是来过的么？找找看有什么记号使我可以找到路；或者路旁有一家戏园子，有一块广告牌，是绿色的或者是红色的；这时候才用思考。如果一直走去，就用不着思考了。杜威先生说："凡是一个思想都起于一个三岔路口的境界；凡是一个思想都起于一个大的疑问号。"从前讲逻辑和知识论的，都比较容易错误，就是因为没有想到很简单的"一个思想起于三岔路口"这一句话。

第二步：认清困难障碍在那一点，把困难加以分析，知道困难究竟在那一点。我平常的活动为什么发生障碍？吃饭忽然吃不下，睡觉睡不着，或者头痛发烧；究竟困难在那一点？障碍是什么性质？有时候事情很简单：第一步和第二步就连在一块。不过复杂的问题，就要分为两步，如果第二步弄不清楚，下面的方法步骤就错了。普通问题要在三岔路口去找一条路走比较简单；但是有许多科学问题，如医学、物理学、化学的问题，都很复杂。在这些问题里，我们要小心的做这个第二步工作。

第三步叫作提示，或者称为暗示。凡遇到了三岔路口的问题，有大困难的时候，第三步就不是自动而是被动。你过去的知识、学问、经验，到今天都发生作用了！你的脑子里这边一个假设，那边一个假设。这些提示的东西那里来的呢？都是不自觉的涌上来的。所以第三步往往是不自觉的。假如你没有学问知识和好的活的经验，看到三岔路口的问题，就手足无措，不知道怎样下手；没有主意，没有法子。如果你的知识是死的，学问是从书本上得来的，经验是贫乏的，那你还是没有主意，没有法子，看不出道理来。所以第三步是很重要的。不过，有时候有些人经验太多了，知识太丰富了，往往东一个意见，西一个意见，前一个意见，后一个意见；就要发生第四步。

第四步就是批评、评判；判断这许多提示，暗示当中，那一个意见比较最能解决所碰到的困难问题。记得在我父亲的诗集子里面有一首诗，讲他在东三省吉林的时候，奉命办一件公事，连人带马都在大森林里迷失了路，三天三夜都没有方法走出来。这个问题就是思想，因为当前的行动发生了障碍。我父亲在诗里面就说他怎样想法子找路出去：有人爬到树上去看，只见四周茫茫无边的树木；在地上也找不出路来；也找不出牛马的蹄痕。这两个办法都不行。这时候，我父亲想到古书上讲过：在山林中迷了路时可以找水；跟着水去找，必定可以出山的。大家就四下去听；听到有水流的声音，果然找到了一条水；跟着水走，居然出险。他诗里面有一句"水必出山无可疑",就是指的这回事。爬上树看,找牛马蹄痕,想了许多办法都走不出来。那时候知识中有一个知识"找水"。这是在许多提示中决定的一个解决困难的办法。所以这第四步工作,就是要判断许多提示当中,那个最适于解决当前的困难。在许多主意中怎样批评判断那个主意适用或不适用呢?这又得回到第一步去:感觉到需要思想,就是因为有困难问题。再认清楚了困难问题;看困难究竟在什么地方。再从推出来的许多暗示、意见当中,看看那一条可以找出结果来。水是可以向山下流的;朝着他走可以得到一条出路:这个结论是不是可以解决当前的困难。拿这个困难作一个标准,作一个尺度,来量这些提出来的暗示,挑一个作假定的姑且的解决方案:这是第四步。不过这还是一个假设,还没有证实。

第五步是思想的最后一点,思想的终点,就是证实。要问提出来的这个假定的解决方案是不是可以解决困难问题?是不是满意?是不是最满意?要证实它!我刚才讲我父亲在吉林的这个"找水"的经验,就是证实。假如复杂的科学问题,有时候就需要假定应该有某种结果,我们要选择许多假定,使用人造的器械,人造的条件来试验它。所谓科学的实验,就是证实某种条件完备的时候,可以发生某种结果的假定。如某种条件完备而不发生某种结果,这个假定或理论就错了；要再来第二个，第三个……的假定，一直到最后可以得到证实为止。到了最后证实，这个思想才算解决了问题。结果是假设变成了真理，悬想变成满意适用的工具。这是思想的最后终点。

杜威先生的这种思想观念，对他的许多学生，无论在教育上，哲学上，都有了很大的影响。他的哲学特别注重在活的思想，创造的智慧；特别注重拿知识思想来解决问题。因为只有这样才可以应付环境，改造环境。这种思想应用到各方面去，都可以发生很重要的效果。比方在逻辑（Logic）方面：杜威先生在八十岁的时候，出版了一本大著作《逻辑学》，它的副题目叫做"研求真理的理论"（A Theory of Inquiry）；他以为逻辑不过是研求真理的方法的一种的理论。所以他的逻辑并不像从前的逻辑。从前的逻辑讲演绎法、归纳法、大前提、小前提、求同、求异、求互同互异：所谓形式的逻辑。这种逻辑完全是用在论证（proof）方面，变成一种论证的形式，所以杜威先生叫做"论理学"。这是形式的、论理的。比方说：凡人都会死；胡适之是一个人；胡适之当然是会死的。这只不过是一个形式的论证，不能引导出真理。从十九世纪以后，哲学家注意到逻辑归纳法。杜威先生说：这也不行；思想的方法，不是形式的方法；人生要时时刻刻应付真的困难，活的问题，不能拘于刻板的形式。

思想的五个步骤，其实包括了归纳法和演绎法。比如我刚才讲的第一步和第二步就是归纳的方法：注重事实，从事实中找出困难，发现问题。第三个步骤是很多暗示涌上来，就好像许多大前提。照这个前提作会产生什么结果？从具体的事实得到一个结论。所以从第三步到第五步都是演绎法：凡是这样作的，必发生什么结果。试验的时候，有了A的现状，当然产生B的结果：凡是A都会产生B，看看A是不是会产生B！试验就是演绎。第四步就来批评思想提出来的假设；第五步就来证实它。在生活的活动上，证实或是实验室的证实方法都是演绎法。比方我父亲的诗"水必出山无可疑"：现在找到水看看是不是可以出山。这就是演绎法。所以人的思想是活的。在解决困难的时候，随时演绎，随时归纳；归纳之后有演绎，演绎之后有归纳。

杜威先生的逻辑，注重在思想的起点。思想必须以困难为起点；时时刻刻，思想都不能离开困难。这样思想才有效果。英国穆勒（J. S. Mill）的逻辑学注重归纳。其实讲到真正的科学思想在作用活动的时候，并不是那种形式的归纳法所能应付。所有的归纳、演绎、三段论法，求同求异的方法，都不过是要证明某种思想是否错误，错误的时候可以用某种方法来矫正。所以杜威先生的逻辑也可以叫作实验的逻辑，工具的逻辑，历史的逻辑。"历史的逻辑"这个名词太不好解释；我也叫它作祖孙的逻辑。这种逻辑先注重来源；有来源，有出路，有归宿；根据人生，应付环境，改造环境，创造智慧。这种思想的方法，也可以说是一切科学的实验。真正科学实验室的方法，不完全是归纳，也不完全是演绎，而是时时刻刻有归纳、时时刻刻有演绎的。把形式去掉来解决问题；拿发生困难作来源，拿解决问题作归宿：这是新的逻辑。

最后，我感觉到胆怯，把杜威先生的哲学应用到知识论和教育学上。今天在座的有好几位都是教育专家；我实在不敢班门弄斧。所以只好简单的讲讲。他这种思想应用在知识论和教育学上，起了很重要的作用。从前的知识论者，往往分作内面的心和外面的物。所谓感觉和综合的理智，这是知识论里面很重要的部门。当时社会上分阶级：有劳心，有劳力；有君子，有小人；有资产阶级，有无产阶级；有统治者，有被统治者；有一种人看到没有法子参加许多社会的事，许多事都不在他们手里，就取悲观、旁观或乐天的态度。从前社会上这种分阶层的情形，就影响到哲学思想上。杜威先生以为，这都是历史的关系。因为那时科学发达还没有影响到整个哲学，哲学家还不能接受实验室的方法来改造他们的思想。杜威先生这一派，则整个接受三百年来的科学方法，尤其是近百年来生物科学的方法。所以他们的知识论是说：生物学和新的心理学，儿童心理学、变态心理学、实验心理学都指示我们，思想并不是有一个叫做理智（或者是心）的特殊官能；一切心理的作用，都是脑子。脑子就是如吴稚晖先生所说的"十万八千根神经"的中心。（我们当然不能把这当作一个准确的数目字！）神经系统使我们的心和身通力合作。这是新的心理学的贡献。外来的刺激，都是受神经系统的支配统制。外面碰到刺激的时候，它立刻发生反应发布命令来应付。这不但高等的动物这样，连最下等的动物也是这样。神经系统不但是主持应付环境的作用，还能够使前一次的经验在后一次的适应环境上发生重要的影响。前面成功了，后面的格外成功，格外满意。前一次的经验，影响后一次的活动；时时刻刻是新的。心就是身体里面的神经中枢。每次的生活经验能够把旧的经验改组一遍，作为后来活动的准备，使后来的活动比前次更满意。比如雕刻家每一刀下去都是活动；如果能够用心的话，后一刀自然比前一刀的雕刻要见进步。写字、绘画、作工，无论什么事，可以说都是这样。一笔有一笔的进步，一分有一分的进步，一寸有一寸的进步。有思想的生活，都是改善环境，改善我们自己作为后来更满意应付环境的准备。这就是步步思想，步步是知，步步是行。知是从行里得来，知就在行的里面；行也是从知里得来，行就是知的本身。知分不开行，行也分不开知。

这就是"知行合一"。生物学告诉我们，就是低等动物也有这种本能。拿老鼠来说罢：无论怎么难找的门，第一次找不到的时候，第二次再找；不断的试验，经验就可以叫它找到门。老鼠如此，狗和猫也如此。概括的说，下等的动物和人，对于应付环境的作用是一样的，目标是一致的，其中只有程度的高低。

从前的人说知识是超于经验在经验之外的，是一个"超然物外"的旁观者。杜威先生说：知识是智力，智力是一种参加战斗的工具，是一种作战的活动，不是一个超然物外的旁观者。从前讲知识论的人，往往离开了科学实验室，所以没有结果。如果他们用新的科学方法，就知道所谓知识论必须具有两个条件：

第一，教人怎样求得知识，教人怎样得到知识。我们知道，要求得真正知识，只有科学实验室的方法才有效果。这是第一点；还不够，还有第二点。

第二，教人如何证实所得的知识是否真知识。凡是真正的知识论，必须要教人家怎样证实那种知识是真的，那种知识是假的。如果单教人求知识，而不教人家证实真假，那是不够的。

所以真正的知识论，必须根据新的科学方法，教人求知识，并证实知识的真假及其价值。

把知识论应用到教育上，就是杜威先生的教育学说。讲到教育学，我完全是外行。真正讲起来，我没有学过教育学。哥伦比亚大学的研究院和哥伦比亚大学的教育学院，当中只隔了一条一百二十号街。我们在研究院中的学生常彼此笑谈说："他们在那边，我们在这边！"我差不多没有过过这条一百二十号街；所以对于教育学我完全是外行。不过现在并不是谈我的学问，而是替我的老师讲话。说错的地方，请各专家指教。

杜威先生的知识论用于教育哲学上，有所谓"教育就是生活，并不是生活的预备""教育是人生的经验的继续改造"。刚才我讲到知识论时，说人与物一样，他的应付环境就是生活；随时应付环境，改造环境，一点一滴继续不断的改造；经验本身也改造。这就是说，教育不是将来生活的预备；当前的生活就是学校，就是教材。所以教育的目的和教育的历程是一件事，不是两件事。人的生活是经验，是继续不断的重新组织经验。刚才我讲的，写字时后一笔就是改善前一笔；雕刻时也是后一刀改善前一刀：这就是教育。所以生活是不断的，教育也是不断的。每种继续不断的经验，都是教育的功用。民主国家（杜威先生最相信民主主义）的教育，最低限度必须要做到两件事：

第一，用活的生活经验作教材，养成一个创造的智慧，以应付困难，解决困难，满意的解决困难，更满意的解决困难。教育应该使每个人都有一点创造的智慧。《西游记》中的孙悟空，曾有了观音菩萨给他的三根救命的毫毛。创造的智慧，就是要每个人都有这三根救命的毫毛。

第二，就是要养成共同生活的合作习惯（Co-operation in activity）。杜威先生以为要做到这点，书本上的文字教育，记诵，教条，是不够的；只有把"生活就是教育，生活就是经验"这个原则拿到学校里去，才可以做得到。即使不能完全做到，至少也可以朝这个方向走。

关于教育方面，在师范学院里我不敢多讲。总括起来说，我用的名词好像很新，其实在六十多年前，詹姆士就说过，"实验主义不过是几种老法子的一个新名字"。这种思想所以能够站得住，能够觉得有根据，就是因为他并不完全是新的，还是根据人生的经验，合乎人生的经验。皮尔士、詹姆士和杜威先生的许多思想，并不完全是新的；他们有许多思想古代哲人也曾有过。

杜威的思想可以帮助我们明了中国过去的一些思想，譬如教育方面：朱子的教育方法也有一部分是讲实验主义的。三百年前，中国北方起了一个"颜李学派"（颜元和他的学生李塨）。颜元的思想注重在动——行动、活动。他的斋名叫"习斋"，就是所谓"学而时习之"的意思。他说：学弹琴的，不是拿书本子学的，要天天弹，越弹才越有进步。这和我刚才所讲的"时时刻刻改善你的经验"意义很相近。我国古时关于教育的学说，像这种例子的很多。

最后我要讲两个故事。在北宋时，有一个禅宗和尚，名叫法演；他是与王安石、苏东坡同时代的人物，死于1104年。他讲禅理非常怪；第一个原则就是"不说破"，要你自己去找答案。弟子们若有人对他有质疑的，他不但不答复，还要打你一个嘴巴；假使再要问他，就把你赶出庙去。就好像说你在台湾师范学院不行了，要到广州师范学院、福州师范学院、江西师范学院一个一个的去跑。要你到每座名山自己去寻访，去募化。当时和尚出门不像我们现在可以坐飞机、乘轮船；既不能住旅馆，又不许住在人家家里；只有一根打狗的棍子，一个讨饭的碗和一双要换的草鞋。冬天受冷，夏天受热，受尽了风霜雨露；经历苦痛，增加经验。也许到了三年、五年、十年、十五年，甚至二十年。在这个时间中，他或许偶然闻到了什么花香，听到了一声鸟鸣，或者村里人唱的小曲，豁然通了，悟了道。于是他朝老师那个方向叩头，感谢当年不说破的恩；他现在终于找到了。如果师傅那时候还在人世，他就一步一步的赶回去，眼里含着眼泪给师傅叩头谢恩。自己去找；自己经验丰富的时候，才得到一种觉悟。这种方法也可以说是实验主义。

有一天，这个法演和尚忽然问他的学生们说："你们来学禅；我这里的禅像什么东西呢？我要讲一个故事来解释。"现在就借他讲的这个故事作为我两次讲演的结论。

有一个做贼的人，他是专门靠偷东西混饭吃的。有一天，他的小儿子对他说："爸爸，你年纪大了，你不能去'作工'了。我得养活你。现在请你教我一门行业，教我一种本事。"他爸爸说："好！今天晚上跟我走！"到了晚上，老贼牵着小贼走到一个很高大的房子前，在墙上挖了一个大洞，两个人先后钻进去。等到两个人都到了屋子里，一看，见有一个大柜；老贼就用百宝钥匙把柜子打开了，要他的儿子爬进去。等他儿子进去以后，这个老贼就把柜子锁了，向外走去，口里一面喊："捉贼呀！你们家里有贼啊！"他自己就跑回家去了。这一家人被他叫醒，起来一看，东西都没有丢，就是墙上有一个洞，正在感觉到怀疑的时候，柜子里的小贼还在低声说："爸爸，怎么把我锁在柜子里呢？"后来他一想这不是问题；现在的问题是"怎样出去？"同时，他听到前面有人说话，他就学老鼠咬衣服的声音。于是前面太太听见了，就喊丫头赶快拿灯来看看柜子里的东西别被老鼠咬坏了。柜子的门刚一打开，小贼就冲出来，把丫头和蜡烛都推倒了，从墙洞里逃了出去。这家的人就跟在后面追。这个小贼一跑跑到了水池旁边，连忙拾一块大石头丢进水里去；追的人听到扑通一声,以为他跳水了。而他却另外换了一条小路跑回家去。这时候,老贼正在家里一边喝酒,一边等他的儿子。这个小贼就问他的爸爸说:"你怎么把我锁在柜子里呢?"老贼说:"你别说这些蠢话——你告诉我怎样出来的。"他的儿子就告诉他怎样学老鼠咬衣服,怎样丢石头。老贼听了以后。就对他的儿子说:"你已经学到行业了!"

(本文为1952年12月3日、8日胡适在台湾省立师范学院的演讲,原载1952年12月4日、9日台北《"中央"日报》)

禅宗史的一个新看法

我不敢当向各位老同事，老同学作学术讲演。今天早晨八点钟出席司法节纪念会，要我说话，我便提出严重的抗议，我说：自从回到祖国来，差不多两个月了，天天被剥夺不说话的自由，希望保障我不说话的自由。可是我从前有两句打油诗，"情愿不自由，也是自由了"。刚才朱骝先院长讲到大陆上今天有许多朋友、同事、同学感到精神上的苦痛。我那天在北大同仁茶会上说：我们看到大陆上许多北大的同仁要写坦白书，老朋友钱端升自白书有这样一段话："除了宣告胡适的思想为敌人的思想外，还要进一步清算蔡元培的思想。"蔡先生（今天大陆上不敢称蔡先生直呼其名）的思想，是怎样的呢？一个是思想自由，一个是学术平等。这种思想，大家认为是天经地义的，不料今天大陆上列在清算之列。

今天我很高兴得参加蔡先生八十四岁诞辰纪念会。朱先生要我作一个学术讲演。在匆忙中,不容易想到一个题目。多少年来钻牛角尖,作《水经注》考证;但这个问题,在民国三十八年蔡先生的纪念会上曾经讲过——整理四百年来《水经注》成绩的小史——不能再讲了。临时想了一个题目——"禅宗史的一个新看法"。客中没有带书;年纪大了一点,记忆力又差,说得不对的地方,还希望诸位先生改正。

禅宗史的一个新看法,也是二十多年前常常想到的一个题目。禅宗史,从前认为没有问题;等到二十五年以前,我写《中国思想史》,写到禅宗的历史时,才感觉到这个问题不是那样简单。有许多材料,可以说是不可靠;寻找可靠的材料很困难。前次在台湾大学讲治学方法时曾提到二十六年前到处去找禅宗史料一段故事。二十五年以来,禅宗史料慢慢出来了。大部分出自敦煌,一小部分出于日本;因为日本在唐朝就派学生,尤其是佛教的学生,到中国来求学。由唐到五代,到宋,到元、明,每代都派有学生来。当时交通不方便,由中国拿回去的书籍,称为舶来书,非常宝贵,保存得格外好。我搜求禅宗史料,在法国巴黎,英国伦敦图书馆看到敦煌出来的材料,许多是八世纪同九世纪的东西,里面有神会和尚语录一卷。我把这材料印出来以后,日本学者乃注意这个问题,搜求材料,也发现一种神会的语录,还有很重要的楞伽宗的材料。我曾经发表几篇长文章;在《中央研究院集刊》中发表的是《楞伽宗考》。这个宗派是从梁（南北朝）到唐朝中叶很大的一个宗派，是禅宗的老祖宗。在南方，禅宗最早的一个，是广州一个不识字的和尚慧能，大家称为六祖。《六祖语录》(《坛经》)从敦煌石室出来的，可算是最古的本子，唐朝年间写的。我看到这个本子不久，收到日本学者印的四十八尺长的卷子本。这个卷子本是日本翻印中国本子的。现在中国的那个原本没有了；日本翻印本也只有一本在和尚庙中保存着。这两个本子都是古本；拿来与现在通行的《坛经》比较，大有出入。现在通行的《坛经》是根据一个明朝的版，有二万二千字，最古本的《坛经》只有一万一千字，相差一倍。这多出来的一半，是一千年当中，你加一段，我加一段，混在里面的。日本发现的本子，是北宋初年的，一万四千字，已比唐朝的本子增加了三千字。我发现这些新的材料，对于禅宗就有一个新的看法。我们仔细研究敦煌出来的一万一千字的《坛经》，可以看出最原始的《坛经》，只有六千字，其余都是在唐朝稍后的时候加进去的。再考这六千字，也是假的。

所谓新看法与老看法有什么不同？老看法说：印度有二十八个祖师，从释迦牟尼起。释迦牟尼有一天在大会场上，拿了一支花不说话。大家不懂什么意思。其中有一个大弟子大迦叶懂了，笑了一笑。释迦牟尼看到他笑，便说大迦叶懂了我的意思。禅宗就是这样开始的。由释迦牟尼传给大迦叶，一代一代传下去；传到菩提达摩，变成了中国禅宗第一祖。每一代都有四句五言秘密传话偈。不但如此，二十八代以前还有七代佛，一代一代传下去；也是一样有四句七言偈。菩提达摩到中国后，传给慧可，慧可传僧璨，僧璨传道信，道信传弘忍。弘忍是第五祖。当第五祖弘忍将死的时候，把他的一班弟子叫来说：你们中真正懂得我的意思的，可以写个偈语给我看；如果我觉得对了，就把我的法传给他，而且还要把多少代祖师传法的袈裟给他，作为传法的证件。于是弘忍最著名的弟子神秀在墙壁上题了一偈。大家看了，都说我们的上座（大弟子）答对了。但是那个时候有一个不认识字的和尚，在厨房中舂米；他听到神秀的传心偈，就跑出来说，我们的上座没有通，我通了。于是那个不认识字的厨房小和尚——大家称为"獦獠"的——慧能，也做了一首偈，请人家写在墙上。老和尚一看，就说也没有通，把它擦掉了（怕他被人杀害）。但是到了半夜，把窗子遮起来，把他叫来，秘密的把法传给他，并且把袈裟也传给他。慧能因此就成为禅宗的第六祖。神秀后来到北方去，成为禅宗的北宗；慧能在南方广州韶关一带传道，为禅宗的南宗。

慧能传了很多弟子；当中有两个最重要的，一是江西吉州青原山的行思，一是湖南南岳的怀让。后来的禅宗五大宗派，便是从怀让与行思二人传下来的。从来没有提到神会和尚，这个传统的老看法的禅宗史是很简单的。从印度二十八代一代一代的传下来，每一代到老的时候就写了偈语，传了法，又传了袈裟。这样整整齐齐的每代都做了四句五言诗，甚至在几万年前老佛祖传世时也做四句七言诗；这很可以使人怀疑。我想这是不可靠的。新的看法，禅宗是一个运动，是中国思想史、中国宗教史、佛教史上一个很伟大的运动。可以说是中国佛教的一个革新运动，也可以说是中国佛教的革命运动。

这个革新运动的意义是什么呢？佛教革命有什么意义？这个可以分为两层来说。第一个意义是佛教的简单化、简易化；将繁琐变为简易，将复杂变为简单，使人容易懂得。第二个意义是佛教本为外国输入的宗教，而这种外来的宗教，在一千多年中，受了中国思想文化的影响，慢慢的中国化，成为一种奇特的，中国新佛教的禅学。这两个意义在公元八世纪初，唐朝武则天末年开始。简单说，从公元七百年至八百五十年，在这一百多年中，包括盛唐和中唐，是禅宗极盛的时期。这在中国佛教中是一个大的运动，可以说是佛教内部革新的运动。这个新的佛教，在印度没有。这是中国佛教中革新运动所成就的一种宗教，叫做禅宗，也叫做禅门。

中国佛教革新运动，是经过很长时期的演变的结果；并不是广东出来了一个不认识字的和尚，做了一首五言四句的偈，在半夜三更得了法和袈裟，就突然起来的，它是经过几百年很长时期的演变而成的。这个历史的演变，我现在打算把它简单的叙述出来。

首先，我们应该知道中国禅与印度禅的不同。在未说印度禅之前，我要将我们中国宗教的情形略作叙述。我们古代宗教是很简单的。在春秋战国时代，我们虽然已有很高文化，在道德、伦理、教育思想、社会思想、政治思想各方面，我们已有很高的水准，——但是宗教方面却非常简单。当时只相信一个"天"，或许是高高在上的天，或许是上帝。这苍苍之天与主宰的上帝，是第一个崇拜的对象。其次是崇拜自然界的大力量，认为日月天地都有一种神的存在。第三是崇拜祖先。第四是在宗教崇拜下善有善报恶有恶报的报应观念。在佛教输入以前我们的祖宗没天堂与地狱的观念，宗教原是非常简单的。印度教输入以后，他的宗教不但有"天"，而且有三十三重天；不但有地狱，而且有十八层地狱，甚至有十六乘十六、再乘十六层的地狱，一层比一层可怕。这样复杂的情形，的确可以满足人民对于宗教的欲望。结果，我们原有简单的宗教，与它比较以后，就不免小巫见大巫，崇拜得五体投地了。崇拜到什么程度呢？佛教中人把印度看做西天，看作极乐的世界。都是由于佛教的崇拜。

中国和尚看到这样复杂的宗教,便想到:是不是有法子找出一个扼要的中心呢?于是,头一个运动就是把佛教的三个大部门"戒""定""慧"中的"定",特别提出。"戒"就是规律,有五百戒,五千戒,是很繁琐的。"定"就是禅宗中"禅",就是怎样控制心,也就是"定心息虑"。"慧"就是智慧,是理解。中国佛教徒将佛教三个大部门中的"定"拿出来,作为佛教的中心,包括"戒""慧"以及一切在内。因为打坐的时候,可以控制人的呼吸,然后跟着呼吸控制到身体,然后控制心灵的活动。到了欲望来的时候,或且想到人生许多快乐的事情,就要靠"智慧"来帮助。譬如说:想到男女爱情的时候,要想到她并不是漂亮的,而是一袭漂亮的衣服中,一块皮包着三百六十根骨头,以许许多多的骨节接连起来的,以及肉和血等;到了死了以后,流出了血、脓、蛆。一个漂亮的女人也不过是很难看的一堆骨、血、蛆。这样一想,什么欲望都没有了。这是以"慧"助"定",来控制"不净观"。还有是以"空观"来控制的,譬如说:两个人互相咒骂。挨骂了,生气了,要懂得"空"的哲学(佛教的根本哲学),把一切看作地、水、火、风的偶然凑合。"骂"是一种声浪,是地、水、火、风暂时凑合发出的声浪,分散了便归乌有。骂的人和被骂的人,都是这四大凑合,结果都是

"空",没有他,没有我。作如是想,便不会生气了。

把"禅"包括"戒""定""慧",而以"禅"为佛教中心,是把印度佛教简单化的第一时期的方式。

不久,仍觉得这个"印度禅"还是繁琐的。如坐禅要做到四禅定的境界,要做到四无色定的境界,最后要能达到最高的目标——六神通:神足通,天眼通,天耳通,他心通,宿命通,漏尽通。能游行自在,能见千里外的事物,能闻千里外的声音,能知他人的心思,能知过去未来,等等。这些繁琐的所谓最高境界,拆穿西洋镜,却是荒唐的迷信。于是进一步的革新到"净土"的"念佛"法门。

五世纪初期,庐山高僧慧远,开始接受印度中亚细亚传入的《阿弥陀佛经》;不要一切繁琐的坐禅仪式,只要你心里相信,有"净土"的存在。"净土"是天堂;天堂里有四季不谢之花,有八节长青之草,琉璃世界,有无量寿,有无量光。

以后慢慢演化到念南无阿弥陀佛(南无即崇拜的意思)。只要你念千万遍,在临死前你必能看到净土的美丽世界,必有人来接引你到这美丽的世界里去。

五世纪中叶,苏州有一个道生和尚,他对中国古代老庄的思想,特别有研究。他头一个提出"顿悟"的口号。不要念经,不要坐禅,不要持斋拜佛,以及一切繁琐的步骤,只要有决心,便可以忽然觉悟。这与欧洲宗教的重大改革,由间接的与上帝接触,变为直接的回到个人的良知良心,用不着当中的媒介物一样。到过苏州的人,都知道虎丘有一个生公说法台,有"生公说法,顽石点头"的传说。这个顿悟的学说,是以中国古代道家的思想提出的一个改革。我们看看道生的书,就可以看出他有很浓厚的道家的思想了。

从五世纪末叶到六世纪初年(公元470—520年),是印度高僧菩提达摩渡海东来,在中国传教时期。传说他到广州是梁武帝时代;经我考证,不是梁武帝时代来的,而是刘宋明帝时来的。有人说他到中国九年回国,或死了;实际他是由宋经齐、梁,在中国居住了五十年之久。他是印度人,年轻时就有很多胡须,所以冒充一百五十岁。他到中国创立一个宗派——楞伽宗;认为用不着佛教许多的书,只要四卷《楞伽经》就够了。这是印度和尚把佛教简单化的一个改革。他提倡"理入"和"行入"。"理入"承认人的本性是善的,凡是有生之物,都同样含有善的、完美的本性——含有同一真性。"行入"是苦行和忍,作众人所不能忍受的苦修。"一衣,一钵,一坐,一食,但蓄二针,冬则乞补,夏便通舍,覆赤而已。"睡则卧于破烂的古墓中。自达摩建立楞伽宗,其中有很多"头陀苦行"的和尚。(头陀是佛教苦修的名称,即自己毁坏自己的意思。在唐代的诗文中,常可看到描述和尚苦修的情形。)

武则天久视元年(公元700年),下诏召请一个楞伽宗的有名和尚神秀到京城来。他那时已九十多岁了。他是全国闻名的苦修和尚。他由湖北经南阳,到两京时,武则天和中宗、睿宗都下跪迎接;可见其声望之大。他在两京住了六年就死了(公元706年)。在那个时期里,他成了"两京法主,三帝国师"。死后,长安城万人痛哭,送葬僧俗,数逾千万。当时的大名人张说给他写碑,叙述他是菩提达摩的第六代。神秀死后,他的两个大弟子普寂、义福继续受帝后尊崇。这个时期,是楞伽宗的极盛时期。

开元二十二年(公元734年),忽然有一个在河南滑台寺的南方和尚神会,出来公开指斥神秀、普寂一派"师承是傍,法门是渐"。指明达摩第六代是慧能不是神秀;慧能才是弘忍的传法弟子。而慧能和神会是主张顿悟的,有人对神会和尚说:"现在是神秀、普寂一派势焰熏天的时候;你攻击他,你不怕吗?"神会回答说:"我为天下定宗旨,辨是非;我不怕!"那时神会和尚已经八十多岁了。从公元734年到755年,这20多年间,神会敢出来和全国最崇敬的湖北神秀和尚挑战,说出许多证据,攻击为帝王所尊重的宗派,并且为人佩服:这是为他可以举出弘忍半夜传给他老师的袈裟为证的缘故,那时神秀已死了,他的两个大弟子普寂(死于739年)、义福(死于732年)又先后死了,没有人和他反辩。反对党看他的说法很动人,却害怕起来,于是告他聚众,图谋不轨。经御史中丞卢奕提出奏劾，皇帝乃将神会贬逐南方。最初由洛阳贬逐到江西弋阳，以后移到湖北武当、襄阳、荆州等地。三年中贬逐四次。可是反对党愈压迫，政府愈贬逐，他的声望愈高，地位愈大！

公元755年，安禄山造反，由河北打到两京（洛阳、长安），唐明皇狼狈出奔，逃往四川。他的儿子肃宗出来收拾局面，由郭子仪、李光弼两将军逐步收复两京。这时神会已经回到洛阳。正值政府打仗需款，他就出来帮忙政府筹款。当时政府筹款的方法是发行度牒。但是推销度牒有二个条件：一是必须有人做和尚；二是必须有人花钱买度牒和尚。这都需要有人出来传道劝说。神会既有口才，且有甚多的听众，遂由他出来举行布道大会，推行"救国公债"。结果大为成功；善男信女都乐意舍施，购买度牒。皇帝以神会募款有功，敕令将作大匠日夜加工，为神会兴建寺院。不久，神会圆寂；时在上元元年（760年），神会年九十三岁，敕谥为"真宗大师"。神会死后六年（德宗贞元十二年），皇帝派太子主持一个委员会，研究禅宗法统问题。经许多禅师考虑的结果，承认神会为七祖，也就是承认他的老师慧能为六祖，解决了这个法统之争。而神会这一派遂得到革命的大胜利。

这七十年来，在没有正式承认神会为七祖以前，社会上的知识阶级，已经受到神会的影响，杜甫的诗有"门求七祖禅"的话；那时虽未正式承认七祖，已承认七祖禅了。在神会最倒楣的时候，杜工部的朋友王维，应他的请求作了"能大师碑"，明认慧能为弘忍传法弟子，得了"祖师袈裟"。王维所写的这个碑，后来被收在《唐文粹》中。杜、王二人的文字都足证明当时社会里已有这个新禅宗的看法。

当神会说法时，曾经有人问他："菩提达摩是第一祖，由菩提传到慧能是第六祖；那么在印度又传了多少代呢？"关于这件事，现在文件中发现所谓二十八祖，固然是个笑话，就是神会的答复，也是一个大笑话。他说："在印度传了八代"。传一千多年，只传八代，是不可能的事。因为他不懂梵文，把菩提达摩和达摩珍珞两个人弄成了一个人，所以说出八代。究竟有几代？说法不一。有说二十四代，有说二十五代，有说二十六代，有说二十七代，甚至有说五十一代的：这都是他们关起门捏造出来的祖宗。这些材料，都不可靠。我所以说这个故事，就是要说他的老师慧能，半夜得到的袈裟究竟是第几代传下的，这是一个不能解决，无法审问的千古疑案。

最后，我们看一看，神会革命胜利成功的禅宗是什么？为什么要革新？为什么要革命？从我在巴黎发现的敦煌材料，和以后日本学者公布的材料（这两个材料比较起来，我的材料前面多，日本的材料后面多），看起来，我们知道神会的学说主张"顿悟"。"顿悟",是一个宗教革命。借个人的良知,可以毁掉种种繁琐仪式和学说,即所谓"迷即累劫,悟即须臾"。譬如"一缕一丝,其数无量;若合为绳,置于木上,利剑一斩,一时俱断。"人也是这样。"发菩萨心人,亦复如是。"一切入定出定的境界,都是繁于心。只要发愿心就可以"豁然晓悟。自见法性本来空寂。……恒沙妄念,一时顿尽"。

神会学说的第二个主张是无念;"不作意即是无念。"一切"作意住心,取空,取净,乃至起心求证,菩提涅槃,并属虚妄。但莫作意,心自无物。"譬如商朝的传说,和周朝的太公,一个是泥水匠,一个在水边钓鱼的人,一时机会来了,一个贫苦的人一跳而为政治上的重要人物,担负国家的重任:这叫做世间的不可思议事,出世的宗教也有不可思议事;所谓顿悟,就是一日豁然顿悟。中国有一句话说:"放下屠刀,立地成佛。"用不着苦修!这是神会积极的思想。

消极方面,神会是反对坐禅,反对修行的。他说,"一切出定入定的境界,不在坐禅。""若有出定、入定及一切境界,祸福善恶,皆不离妄心。"凡是存着修行成佛的思想,就是妄想。"众生若有修,即是妄心,不可得解脱。"

神会的这种宗教革命思想,在当时所以能很快的成功,不是神会一个人打出来的;神会只是当时的"危险思想"的一部分。但神会的功劳特别大。因为神会是宗教家,同时又是政治家和财政家，可说是个革命家；他懂得用什么武器打击敌人，使他的宗教革命运动得到成功。

总结一句话，禅宗革命是中国佛教内部的一种革命运动，代表着他的时代思潮，代表八世纪到九世纪这百多年来佛教思想慢慢演变为简单化、中国化的一个革命思想。这种佛教革命的危险思想，最值得我们参考比较的，就是在《唐文粹》这部书中，有梁素《天台通义》的一篇文章，痛骂当时的危险思想；说这样便没有佛法，没有善，没有恶了。从这反对党的说话中，我们可以看出当时的危险思想，的确是佛教中一种革命的思想。

还有一种材料值得我们注意的。九世纪中叶（西元841年），宗密和尚（一个很有学问的和尚）搜集了一百多家禅宗和尚语录。可惜这些材料大部分都散失了，只存留一篇序文，长达万字，讲到从八世纪到九世纪中的多少次佛教革命的危险思想。宗密把当时佛教宗派大别为禅门三宗。一是息妄修心宗，二是泯绝无寄宗，三是直显心性宗。二三两宗，都是革命的；其中包括社会许多人士，在宗密和尚的《禅源诸诠集都序》里，我们可以看出，除了神会以外，还有许多革命思想的宗派。现在佛教中，还有一部《圆觉经》。这部经大概是伪造品，是宗密自己作的。这只有一卷的经，他却作了很多的注解，叫做《圆觉经大疏钞》，这里面有很多禅宗历史的材料。

刚才讲的是佛教内部的革命。最后要讲经过外面摧残的史实。唐武宗会昌五年（公元845年），是摧残佛教最厉害的一年。唐朝学者——不很高明的思想家——韩愈在《原道》一文中，倡说"人其人，火其书，庐其居"的口号，是公元824年的事情；经过二十一年，到武宗时竟实现。当时毁寺四千六百余区，毁招提兰若（私造寺）四万余区，迫令僧尼二十六万多人还俗。佛教经典石刻都被毁弃：这是历史上最可惜的文化毁坏。后来武宗死了，他的兄弟做皇帝，信仰佛教，却是没有办法恢复旧观，因为经过这样大的变化以后，寺院的几千万顷田产被没收，十多万男女奴隶被解放；要恢复堂皇的建筑，没有钱怎样能做到？在这个环境下，只有禅宗派不要建筑。在九世纪中叶，佛教出了两个了不得的和尚：南部湖南出了一位德山和尚，北方河北出了一位灵济和尚。我们看他的语录，充满了"呵佛骂祖"的气味。举例说：古时一位秀才到庙里去，和尚不大理会招待；府台大人到了，和尚却率领徒众欢迎。等到府台走了，这位秀才问他：佛教是讲平等的；为什么这样对我？和尚回答说：我们是禅门；招待就是不招待，不招待就是招待。这位秀才捆了他一掌。和尚问他：你怎么打人？他回答也是说：打了就是不打。从敦煌所保留的语录看来，才晓得真正呵佛骂祖时代,才知道以后的禅宗语录百分之九十九是假的。

佛教极盛时期（公元700—850年）的革命运动,在中国思想史上、文化史上,是很重要的,这不是偶然的。经过革命后,把佛教中国化、简单化后,才有中国的理学。

佛教的革新,虽然改变了印度禅,可以仍然是佛教。韩退之在《原道》一千七百九十个字的文章中,提出大学诚意、正心、修身,不是要每一个人作罗汉,不是讲出世的;他是有社会和政治的目标的。诚意、正心、修身,是要齐家、治国、平天下,而不是做罗汉,不是出世的。这是中国与印度的不同。韩文公以后,程子、朱子的学说,都是要治国平天下。经过几百年佛教革命运动,中国古代的思想复活了,哲学思想也复兴了。这段故事,我个人觉得是一个新的看法。

（本文为1953年1月11日胡适在蔡孑民先生84岁诞辰纪念会的演讲,原载1953年1月12日台北《"中央"日报》）

提高与普及

今天我带病来参与开学典礼，很愿意听听诸位新教授的言论及对于我们的希望。我从1917年（即民国六年）来到本校，参与了三年的开学典礼。一年得一年的教训，今天又是来亲受教训的日子了。

我本来不预备说话，但蒋先生偏偏提出我的谈话的一部分，偏偏把"且听下回分解"的话留给我说，所以我不能不来同诸位谈谈。

我暑假里，在南京高等师范的暑期学校里讲演，听讲的有七八百人，算是最时髦的教员了。这些教员是从十七省来的，故我常常愿意同他们谈天。他们见面第一句就恭维我，说我是"新文化运动"的领袖。我听了这话，真是"惭惶无地"。因为我无论在何处，从来不曾敢说我做的是新文化运动。他们又常常问我，新文化的前途如何，我也实在回答不出来。

我以为我们现在那里有什么文化，我们北京大学，不是人称为新文化运动的中心吗？你看最近的一期《学艺杂志》里有一篇《对于学术界的新要求》，对于我们大学很有些忠实的规谏。他引的陈惺农先生对于编辑《北京大学月刊》的启事，我们大学里四百多个教职员，三千来个学生，共同办一个月刊，两年之久，只出了五本。到陈先生编辑的时候，竟至收不到稿子，逼得他自己做了好几篇，方才敷衍过去。《大学丛书》出了两年，到现在也只出了五大本。后来我们想，著书的人没有，勉强找几个翻译人，总该还有。所以我们上半年，弄了一个《世界丛书》，不想五个月的经验结果，各处寄来的稿子虽有一百多种，至今却只有一种真值得出版。像这样学术界大破产的现象，还有什么颜面讲文化运动。所以我对于那一句话的答语，就是"现在并没有文化，更没有什么新文化"。再讲第二问题，现在外面学界中总算有一种新的现象，是不能不承认。但这只可说是一种新动机、新要求，并没有他们所问的新文化运动。他们既然动了，按物理学的定理，决不能再使不动。所以惟一的方法，就是把这种运动的趋向，引导到有用有结果的路上去。

这种动的趋向有两个方面：

一、普及　现在所谓新文化运动，实在说得痛快一点，就是新名词运动。拿着几个半生不熟的名词，什么解放、改造、牺牲、奋斗、自由恋爱、共产主义、无政府主义……。你递给我，我递给你，这叫做"普及"。这种事业，外面干的人很多，尽可让他们干去，我自己是赌咒不干的，我也不希望我们北大同学加入。

二、提高　提高就是——我们没有文化，要创造文化；没有学术，要创造学术；没有思想，要创造思想。要"无中生有"地去创造一切。这一方面，我希望大家一齐加入，同心协力用全力去干。只有提高才能真普及，越"提"得"高"，越"及"得"普"。你看，桌上的灯决不如屋顶的灯照得远，屋顶的灯更不如高高在上的太阳照得远，就是这个道理。

现在既有这种新的要求和新的欲望，我们就应该好好预备一点实在的东西，去满足这种新要求和新欲望。若是很草率的把半生不熟的新名词，去解决他们的智识饥荒，这岂不是耶稣说的"人问我讨面包，我却给他石块"吗？

我们北大这几年来，总算是挂着"新思潮之先驱"、"新文化的中心"的招牌，但是我刚才说过，我们自己在智识学问这方面贫穷到这个地位，我们背着这块金字招牌，惭愧不惭愧，惭愧不惭愧！所以我希望北大的同人，教职员与学生，以后都从现在这种浅薄的"传播"事业，回到一种"提高"的研究工夫。我们若想替中国造新文化，非从求高等学问入手不可。我们若想求高等学问，非先求得一些求学必需的工具不可。外国语、国文、基本科学，这都是求学必不可少的工具，我们应该拿着这种切实的工具，来代替那新名词的运动，应该用这种工具，去切切实实的求点真学问，把我们自己的学术程度提高一点。我们若能这样做去，十年二十年以后，也许勉强有资格可以当真做一点"文化运动"了。二三十年以后，朱遏先生和陈女士做中国现代史的时候，也许我们北大当真可以占一个位置。

我把以上的话总括起来说：

若有人骂北大不活动，不要管他；若有人骂北大不热心，不要管他。但是若有人说北大的程度不高，学生的学问不好，学风不好，那才是真正的耻辱！我希望诸位要洗刷了它。我不希望北大来做那浅薄的"普及"运动，我希望北大的同人一齐用全力向"提高"这方面做工夫。要创造文化、学术及思想，惟有真提高才能真普及。

（本文为1920年9月17日胡适在北京大学开学典礼上的演讲，陈政笔记。原载1920年9月18日《北京大学日刊》，又载1920年9月23日《晨报副刊》）

学生与社会

今天我同诸君所谈的题目是"学生与社会"。这个题目可以分两层讲：一、个人与社会，二、学生与社会。现在先说第一层。

一　个人与社会

（一）个人与社会有密切的关系，个人就是社会的出产品。我们虽然常说"人有个性"，并且提倡发展个性，其实个性于人，不过是千分之一，而千分之九百九十九全是社会的。我们的说话，是照社会的习惯发音；我们的衣服，是按社会的风尚为式样；就是我们的一举一动，无一不受社会的影响。

六年前我作过一首《朋友篇》，在这篇诗里我说："清夜每自思，此身非吾有：一半属父母，一半属朋友"。如今想来，这百分之五十的比例算法是错了。此身至少有千分之九百九十九是属于广义的朋友的。我们现在虽在此地，而几千里外的人，不少的同我们发生关系。我们不能不穿衣，不能不点灯，这衣服与灯，不知经过多少人的手才造成功的。这许多为我们制衣造灯的人，都是我们不认识的朋友，这衣与灯就是这许多不认识的朋友给与我们的。

再进一步说，我们的思想，习惯，信仰……等等都是社会的出产品，社会上都说"吃饭"，我们不能改转来说"饭吃"。我们所以为我们，就是这些思想，信仰，习惯，……这些既都是社会的，那末除过〔开〕社会，还能有我吗？

这第一点内要义：我之所以为我，在物质方面，是无数认识与不认识的朋友的，在精神方面，是社会的，所谓"个人"差不多完全是社会的出产品。

（二）个人——我——虽仅是千分之一，但是这千分之一的"我"是很可宝贵的。普通一班的人，差不多千分之千都是社会的，思想，举动，言语，服食都是跟着社会跑。有一二特出者，有千分之一的我——个性，于跟着社会跑的时候，要另外创作，说人家未说的话，做人家不做的事。社会一班人就给他一个浑号，叫他"怪物"。

怪物原有两种：一种是发疯，一种是个性的表现。这种个性表现的怪物,是社会进化的种子,因为人类若是一代一代的互相仿照,不有变更,那就没有进化可言了。惟其有些怪物出世,特立独行,作人不作的事,说人未说的话,虽有人骂他打他,甚而逼他至死,他仍是不改他的怪言,怪行。久而久之,渐渐的就有人模仿他了,由少数的怪,变为多数,更变而为大多数,社会的风尚从此改变,把先前所怪的反视为常了。

宗教中的人物,大都是些怪物,耶稣就是一个大怪物。当时的人都以为有人打我一掌,我就应该还他一掌。耶稣偏要说:"有人打我左脸一掌,我应该把右边的脸转送给他。"他的言语,行为,处处与当时的习尚相反,所以当时的人就以为他是一个怪物,把他钉死在十字架上。但是他虽死不改其言行,所以他死后就有人尊敬他,爱慕,模仿他的言行,成为一个大宗教。

怪事往往可以轰动一时,凡轰动一时的事,起先无不是可怪异的。比如缠足,当初一定是很可怪异的,而后来风行了几百年。近来把缠小的足放为天足,起先社会上同样以为可怪,而现在也渐风行了。可见不是可怪,就不能轰动一时。社会的进化,纯是千分之一的怪物,可以牺牲名誉,性命,而作可怪的事,说可怪的话以演成的。

社会的习尚,本来是革不尽,而也不能够革尽的,但是改革一次，虽不能达完全目的，至少也可改革一部分的弊习。譬如辛亥革命，本是一个大改革，以现在的政治社会情况看，固不能说是完全成功，而社会的弊习——如北京的男风，官家厅的公门，……等等——附带革除的，实在不少。所以在实际上说，总算是进化的多了。

这第二点的要义：个人的成分，虽仅占千分之一，而这千分之一的个人，就是社会进化的原因。人类的一切发明，都是由个人一点一点改良而成功的。唯有个人可以改良社会，社会的进化全靠个人。

二 学生与社会

由上一层推到这一层，其关系已很明白。不过在文明的国家，学生与社会的特殊关系，当不大显明，而学生所负的责任，也不大很重。惟有在文明程度很低的国家，如像现在的中国，学生与社会的关系特深，所负的改良的责任也特重。这是因为学生是受过教育的人，中国现在受过完全教育的人，真不足千分之一，这千分之一受过完全教育的学生，在社会上所负的改良责任，岂不是比全数受过教育的国家的学生，特别重大吗？

教育是给人戴一副有光的眼镜，能明白观察；不是给人穿一件锦绣的衣服,在人前夸耀。未受教育的人是近视眼,没有明白的认识,远大的视力;受了教育,就是近视眼戴了一副近视镜,眼光变了,可以看明清楚远大。学生读了书,造下学问,不是为要到他的爸爸面前,要吃肉菜,穿绸缎;是要认他爸爸认不得的,替他爸爸说明,来帮他爸爸的忙。他爸爸不知道肥料的用法,土壤的选择,他能知道,告诉他爸爸,给他爸爸制肥料,选土壤,那他家中的收获,就可以比别人家多出许多了。

从前的学生都喜欢戴平光的眼镜,那种平光的眼镜戴如不戴,不是教育的结果。教育是要人戴能看从前看不见,并能看人家看不见的眼镜。我说社会的改良,全靠个人,其实就是靠这些戴近视镜,能看人所看不见的个人。

从前眼镜铺不发达,配眼镜的机会少,所以近视眼,老是近视看不远。现在不然了,戴眼镜的机会容易的多了,差不多是送上门来,让你去戴。若是我们不配一副眼镜戴,那不是自弃吗?若是仅戴一副看不清,看不远的平光镜,那也是可耻的事呀。

这是一个比喻,眼镜就是知识,学生应当求知识,并应当求其所要的知识。

戴上眼镜,往往容易招人家厌恶。从前是近视眼,看不见人家脸上的麻子,戴上眼镜,看见人家脸上有麻子,就要说："你是个麻子脸"。有麻子的人，多不愿意别人说他的麻子。要听见你说他是麻子，他一定要骂你，甚而或许打你。这一改意思，就是说受过教育，就认识清社会的恶习，而发不满意的批评。这种不满意社会的批评，最容易引起社会的反感。但是人受教育，求知识，原是为发现社会的弊端，若是受了教育，而对于社会仍是处处觉得满意，那就是你的眼镜配错了光了，应该返回去审查一审查，重配一副光度合适的才好。

从前格里林因人家造的望远镜不适用，他自己造了一个扩大几百倍的望远镜，能看木星现象。他请人来看，而社会上的人反以为他是魔术迷人，骂他为怪物，革命党，几乎把他弄死。他惟其不屈不挠，不可抛弃他的学说，停止他的研究，而望远镜竟成为今日学问上、社会上重要的东西了。

总之，第一要有知识，第二要有图书。若是没骨子便在社会上站不住。有骨子就是有奋斗精神，认为是真理，虽死不畏，都要去说去做。不以我看见我知道而已，还要使一班人都认识，都知道。由少数变为多数，由多数变为大多数，使一班人都承认这个真理。譬如现在有人反对修铁路，铁路是便利交通，有益社会的，你们应该站在房上喊叫宣传，使人人都知道修铁路的好处。若是有人厌恶你们，阻挡你们，你们就要拿出奋斗的精神，与他抵抗，非把你们的目的达到。不止你们的喊叫宣传,这种奋斗的精神,是改造社会绝不可少的。

二十年前的革命家,现在哪里去了?他们的消灭不外两个原因:(1)眼镜不适用了。二十年前的康有为是一个出风头的革命家,不怕死的好汉子。现在人都笑他为守旧,老古董,都是由他不去把不适用的眼镜换一换的缘故。(2)无骨子。有一班革命家,骨子软了,人家给他些钱,或给他一个差事,教他不要干,他就不敢干了。没有一种奋斗精神,不能拿出"你不要我干,我偏要干"的决心,所以都消灭了。

我们学生应当注意的就是这两点:眼镜的光若是不对了,就去换一副对的来戴;摸着脊骨软了,要吃一点硬骨药。

我的话讲完了,现在讲一个故事来作结,易卜生所作的"国民公敌"一剧,写一个医生司铎门发现了本地浴场的水里有传染病菌,他还不敢自信,请一位大学教授代为化验,果然不错。他就想要去改良他。不料浴场董事和一般股东因为改造浴池要耗费资本,拼死反对,他的老大哥与他的老丈人也都多方的以情感利诱,但他总是不可软化。他于万分困难之下设法开了一个公民会议,报告他的发明。会场中的人不但不听他的老实话,还把他赶出场去,裤子撕破,宣告他为国民公敌。他气愤不过,说:"出去争真理,不要穿好裤子"。他是真有奋斗精神，能够特立独行的人，于这种逼迫之下还是不少退缩。他说："世界最有强力的人就是那最孤立的人"。我们要改良社会，就要学这"争真理不穿好裤子"的态度，相信这"最孤立的人是最有强力的人"的明言。

（本文为1922年2月19日胡适在平民中学的演讲，半尘节记，原载1922年3月10日《共进》半月刊第11期）

在北大学潮平定后之
师生大会上的讲话

我在济南18日晚接教务处电云,学生为讲义费事哄闹,校长以下辞职,我很怀疑,次日即来京。当时我恐怕辞职的职员,少了我一个,我竟漏网了,倒难为情。到京以后,询悉内容,见学生上课如故,并有多数学生皆起来协力维持,我又觉得很乐观。在前清上海方面,学生闹风潮的事很多,我也是闹风潮出学校之一。当时我在中国公学,不过所闹的事,是因为对于学校组织不满意,且出校以后,还产生一个新学校来,即如在南洋公学脱离的学生,出来组成一个爱国学社。这个学社在中国革命史,大家皆知道是一个重要机关。在复旦脱离的学生,出来组织一个震旦。此皆是不仅仅为破坏,还有建设。如我们这次风潮,纯粹是无建设的,我觉得很不满意。幸而后来尚能有多数的人出来维持,不然岂不是以少数人，把学校闹坏了吗？我对于此次风潮的意见，在二十五期《努力周刊》上已说过，今天不必再说。今日所要说的，只有一句话，就是大家须向一条建设的道上走。所谓建设有四项：(1)是图书馆，(2)是寄宿舍，(3)是大讲堂，(4)是提高学校程度。没有大图书馆，可说是无从研究学术。没有寄宿舍，万不能养成一种校风。没有大讲堂，则关于名人临时讲演，用以普及大学教育知识的事，势将无从做起。所以今年开学以后，第一次会议，即将建筑图书馆通过，决定协力做起来。自今以往，希望打起精神，群趋向建设一条路上，可以为北京大学开一个新纪元，不要再在这种讲义费的小事情注意了。

（本文为1922年10月21日胡适在北京大学的演讲，原载1922年10月29日《申报》）

书院制史略

我为何讲这个题目？因为古时的书院与现今教育界所倡的"道尔顿制"精神大概相同。一千年以来，书院实在占教育上一个重要位置，国内的最高学府和思想的渊源，惟书院是赖。盖书院为我国古时最高的教育机关。所可惜的，就是光绪变政，把一千年来书院制完全推翻，而以形式一律的学堂代替教育。要知我国书院的程度，足可以比外国的大学研究院。譬如南菁书院，他所出版的书籍，等于外国博士所做的论文。书院之废，实在是吾中国一大不幸事。一千年来学者自动的研究精神，将不复现于今日了。所以我今日要讲这个书院的问题。本题计分两节：第一，书院的历史；第二，书院的精神。兹分别言之：

一　书院的历史

（一）精舍与书院　书院在顶古的时候，无史可考；因古代的学校，都是私家设立，不甚出名。周朝学制，亦无书院的名称。战国时候，讲学风起，私家学校渐为人所器重。汉时私家传授之盛，为古所未有。观汉朝的国子监太学生，多至数万人，即可见学风之盛。六朝时候，除官学外，复有精舍。此精舍系由少数的贵族或士大夫在郊外建屋数椽，以备他们春夏射御，秋冬读书的处所。惟此精舍，仍由私家学塾蝉蜕而来，其教授方法，与佛家讲经相同。佛家讲经只许和尚沉思默想，倘和尚不明经理而欲请教于大和尚，此时大和尚就以杖叩和尚之头，在问者虽受重击，毫无怨言，仍俯首思索如故。有时思索不得，竟不远千里朝拜名山，俾一旦触机觉悟，此法系启发学者思想。不借外界驱策而能自动学习；所以精舍也采取佛家方法。其后道家讲经，也和佛家相同。到唐明皇的时候，始有书院的名称。书院之有学校的价值，固自唐始，但至宋朝更进步了。

（二）宋代四大书院　书院名称，至宋朝时候才完全成立。当时最负盛名的书院，如石鼓、岳麓、应天、白鹿洞，世人称为四大书院。这些书院，都系私人集资建造，请一个学者来院主教，称他叫山长。书院大半在山水优秀的地方，院内广藏书籍，使学生自修时候，不致无参考书。此藏书之多，正所以引起学生自由研究的兴趣。此四大书院，不独藏书很多，并且请有学者在院内负指导责任。来兹学者，如有困难疑惑之处，即可向指导者请教；犹如今日道尔顿制的研究室。所以宋朝的书院，就是为学者自修的地方。

（三）宋代书院制度 宋代书院制度，很可研究。每一个书院，有山长一人，系学识丰富的人充任。书院里藏书极多，有所谓三舍制，就如湖南潭州书院，分县学、书院、精舍三种。在州府县学里读书，都是普通之才；优者升入书院。当时书院的程度，犹如今日大学本科，倘在书院里考得成绩很好，就升入精舍。此时犹如今日入大学研究院了。又当时又有所谓大学三舍制，就是在宋仁宗的时候，大兴学校，令天下皆设官学，自己复于京师设立大学。考他的组织方法，也有三种阶级，在州县学读书，称曰外舍，等于大学预科；经一种考试升入内舍，等于今日大学本科；再经严格的考试，就升入精舍，等于今日大学研究院。这种制度，已在浙江书院实行了。

（四）宋代讲学之风与书院 宋代讲学之盛，古所未有。当时所谓州学、县学、官学，只有其名，而无其实。此等学校，吾无以名之，只得叫它曰抽象的学校，大概一位老师就是一个学校,老师之责任,就在讲经。当时入官学者甚少,国子监太学生都可花钱捐得。然而尊崇一派奉为名师,日趋听讲者亦甚多。听讲时大半笔记,不用书籍,如《朱子语录》,即学生所做的笔记。教法亦大半采佛家问答领悟之法,至于讲学之风,迨南宋时可谓登峰造极。当时学生所最崇拜的,只有二人,因此分为二派:一派当推朱子,而另一则为陆象山派。朱陆既殁,其徒散居各处,亦复以讲学为号召,所以私立的书院,就从此增多了。

(五)会讲式的书院　会讲式的书院,起自明朝,如无锡东林书院,每月订有开会时间。开会之先,由书院散发请帖,开会时由山长主讲一段,讲毕,令学生自由讨论,各抒意见,互相切磋,终以茶点散会。

(六)考课式的书院　考课式的书院,亦起自明朝。此式定每月三六九日或朔望两日,由山长出题,凡合于应试资格的人,即可往书院应试。书院并订津贴寒士膏火办法,供寒士生活之用。此等书院,仅在考试时非常忙碌,平时无须开门,考课者亦不必在场内,只要各抒谠论而已。

(七)清代的书院　清时学术思想,多不尊重理学一派,只孜孜研究考据实用的学问。学者贵能就性之所近,分门研究,研究所得,以笔记之。有时或做极长的卷折,以示造诣。所有书院,概系公立。山长由州府县官聘请富有学识者充之。山长薪水很大，书院经费，除山长薪水外，又有经临等费。学生除不收学费外，又有膏火津贴奖赏等。所以在学足供自给，安心读书，并可以膏火等费赡养家室，不致有家室之累。每一书院，藏书极多，学生可以自由搜求材料，并有学识丰富之山长，加以指导。其制度完备，为亘古所未有，而今则不复见了！

二　书院的精神

（一）**代表时代精神**　一时代的精神，只有一时代的祠祀，可以代表。因某时之所尊奉者，列为祠祀，即可觇某时代民意的趋向。古时书院常设神祠祀，带有宗教的色彩，其为一千年来民意之所寄托，所以能代表各时代的精神。如宋朝书院，多崇拜张载、周濂溪、邵康节、程颐、程颢诸人，至南宋时就崇拜朱子，明时学者又改崇阳明，清时偏重汉学。而书院之祠祀，不外供许慎、郑玄的神像。由此以观，一时代精神，即于一时代书院所崇祀者足以代表了。

（二）**讲学与议政**　书院既为讲学的地方，但有时亦为议政的机关。因为古时没有正式代表民意的机关；有之，仅有书院可以代行职权了。汉朝的太学生，宋朝朱子一派的学者，其干涉国家政治之气焰，盛极一时；以致在宋朝时候，政府立党籍碑，禁朱子一派者应试，并不准起复为官。明朝太监专政，乃有无锡东林书院学者出而干涉，鼓吹建议，声势极张。此派在京师亦设有书院，如国家政令有不合意者，彼辈虽赴汤蹈火，尚仗义直言，以致为宵小所忌，多方倾害，死者亦多，政府并名之曰东林党。然而前者死后者继，其制造舆论，干涉朝政，固不减于昔日。于此可知书院亦可代表古时候议政的精神，不仅为讲学之地了。

（三）**自修与研究** 书院之真正的精神惟自修与研究，书院里的学生，无一不有自由研究的态度，虽旧有山长，不过为学问上之顾问；至研究发明，仍视平日自修的程度如何。所以书院与今日教育界所倡道尔顿制的精神相同。在清朝时候，南菁、诂经、钟山、学海四书院的学者，往往不以题目甚小，即淡漠视之。所以限于一小题或一字义，竟终日孜孜，究其所以，参考书籍，不惮烦劳，其自修与研究的精神，实在令人佩服！

三　结论

本题拟举二例，作为结论：（一）譬如南菁书院，其山长黄梨洲先生，常以八字告诫学生，即"实事求是，莫作调人"。因为研究学问，遇困难处若以调人自居，则必不肯虚心研究，而近乎自暴自弃了。（二）又如上海龙门书院，其屏壁即大书"读书先要会疑，学者须于无疑中寻找疑处，方为有得"，即可知古时候学者的精神，惟在刻苦研究与自由思索了。其意以学问有成，在乎自修，不在乎外界压迫。这种精神，我恐今日学校中多轻视之。又当声明者，即书院并不拒绝科学，如清代书院的课程，亦有天文、算学、地理、历史、声、光、化、电等科学。尤以清代学者如戴震、王念孙等都精通算学为证。惜乎光绪变政，将一千年来的书院制度，完全推翻，而以在德国已行一百余年之学校代替此制，诩为自新。使一千年来学者自动的研究精神，将不复现于今日。吾以今日教育界提倡道尔顿制，注重自动的研究，与书院制不谋而合，不得不讲这书院制度的史略了。

（本文为1923年12月10日胡适在南京东南大学的演讲，陈启宇笔记。原载1923年12月17日至18日上海《时事新报·学灯》副刊，又载1923年12月24日《北京大学日刊》，又载1924年2月10日《东方杂志》第21卷第3期）

学术救国

今天时间很短,我不想说什么多的话。我差不多有九个月没到大学来了!现在想到欧洲去。去,实在不想回来了!能够在那面找一个地方吃饭,读书就好了。但是我的良心是不是就能准许我这样,尚无把握。那要看是哪方面的良心战胜。今天我略略说几句话,就作为临别赠言吧。

去年8月的时候,我发表了一篇文章,说到救国与读书的,当时就有很多人攻击我。但是社会送给名誉与我们,我们就应该本着我们的良心、知识、道德去说话。社会送给我们的领袖的资格,是要我们在生死关头上,出来说话作事,并不是送名誉与我们,便于吃饭拿钱的。我说的话也许是不入耳之言,但你们要知道不入耳之言亦是难得的呀!

去年我说,救国不是摇旗呐喊能够行的;是要多少多少的人投身于学术事业,苦心孤诣实事求是的去努力才行。刚才加藤先生说新日本之所以成为新日本之种种事实，使我非常感动。日本很小的一个国家，现在是世界四大强国之一。这不是偶然来的，是他们一般人都尽量的吸收西洋的科学，学术才成功的。你们知道无论我们要作什么，离掉学术是不行的。

所以我主张要以人格救国，要以学术救国。今天只就第二点略为说说。

在世界混乱的时候，有少数的人，不为时势转移，从根本上去作学问，不算什么羞耻的事。"三一八"惨案过后三天，我在上海大同学院讲演，我是这个意思。今天回到大学来与你们第一次见面，我还是这个意思，要以学术救国。

这本书是法人巴士特 Pasteur 的传。是我在上海病中看的，有些地方我看了我竟哭了。

巴氏是1870年普法战争时的人。法国打败了。德国的兵开到巴黎把皇帝捉了，城也占了，订城下之盟赔款五万万。这赔款比我们的庚子赔款还要多五分之一。又割亚尔撒斯、罗林两省地方与德国，你们看当时的文学，如像莫泊桑他们的著作，就可看出法国当时几乎亡国的惨象与悲哀。巴氏在这时业已很有名了。看见法人受种种虐待，向来打战〔仗〕没有被毁过科学院，这回都被毁了。他十分愤激，把德国波恩大学（Bonn）所给他的博士文凭都退还了德国。他并且作文章说："法兰西为什么会打败仗呢？那是由于法国没有人才。

为什么法国没有人才呢？那是由于法国科学不行。"以前法国同德国所以未打败仗者，是由于那瓦西尔（Lauostes）一般科学家，有种种的发明足资应用。后来那瓦西尔他们被革命军杀死了。孟勒尔（Moner）将被杀之日，说："我的职务是在管理造枪，我只管枪之好坏，其他一概不问。"要科学帮助革命，革命才能成功。而这次法国竟打不胜一新造而未统一之德国，完全由于科学不进步。但二十年后，英人谓巴士特一人试验之成绩，足以还五万万赔款而有余。

巴氏试验的成绩很多，今天我举三件事来说：

第一，关于制酒的事。他研究发酵作用，以为一个东西不会无缘无故的起变化的。定有微生物在其中作怪。其他如人生疮腐烂，传染病也是因微生物的关系。法国南部出酒，但是酒坏损失甚大。巴氏细心研究，以为这酒之所以变坏，还是因其中有微生物。何以会有微生物来呢？他说有三种：一是有空气中来的，二是自器具上来的，三是从材料上来的。他要想避免和救济这种弊病，经了许多的试验，他发明把酒拿来煮到五十度至五十五度，则不至于坏了。可是当时没有人信他的。法国海军部管辖的兵舰开到外国去，需酒甚多，时间久了，老是喝酸酒。就想把巴氏的法子来试验一下，把酒煮到五十五度，过了十个月，煮过的酒，通通是好的，香味颜色，分外加浓。没有煮过的，全坏了。后来又载大量的煮过的酒到非洲去，也是不坏。于是法国每年之收入增加几万万。

第二，关于养蚕的事。法国蚕业每年的收入极大。但有一年起蚕子忽然发生瘟病，身上有椒斑点，损失甚大。巴氏遂去研究，研究的结果，没有什么病，是由于作蛹变蛾时生上了微生物的原故。大家不相信。里昂曾开委员会讨论此事。巴氏寄甲乙丙丁数种蚕种与委员会，并一一注明，说某种有斑点，某种有微生虫，某种当全生，某种当全死。里昂在专门委员会研究试验，果然一一与巴氏之言相符。巴氏又想出种种简单的方法，使养蚕的都买显微镜来选择蚕种。不能置显微镜的可送种到公安局去，由公安局员替他们检查。这样一来法国的蚕业大为进步，收入骤增。

第三，关于畜牧的事。法国向来重农，畜牧很盛。十九世纪里头牛羊忽然得脾瘟病，不多几天，即都出黑血而死。全国损失牛羊不计其数。巴氏以为这一定是一种病菌传入牲畜身上的原故，遂竭力研究试验。从1877年到1881年都未找出来。当时又发生一种鸡瘟病。巴氏找出鸡瘟病的病菌，以之注入其他的鸡，则其他的鸡立得瘟病。但是这种病菌如果放置久了，则注入鸡身，就没有什么效验。他想这一定是氧气能够使病菌减少生殖的能力。并且继续研究把这病菌煮到四十二度与四十五度之间则不能生长。又如果把毒小一点的病菌注入牲畜身上，则以后遇着毒大病菌都不能为害了。因为身体内已经造成了抵抗力了。

当时很有一般学究先生们反对他，颇想使他丢一次脸，遂约集些人卖了若干头牛若干头羊，请巴氏来试验。巴氏把一部分牛羊的身上注上毒小的病菌两次。第三次则全体注上有毒可以致死的病菌液。宣布凡注射三次者一个也不会死，凡只注射一次者，一个也不会活。这不啻与牛羊算命，当时很有些人笑他并且替他担忧。可是还没有到期，他的学生就写信告诉他，说他的话通通应验了，请他赶快来看。于是成千屡万的人〔来〕看，来赞颂他，欢迎他，就是反对他的人亦登台宣言说十分相信他的说法。

这个发明使医学大有进步，使全世界前前后后的人都受其赐。这岂只替法还五万万的赔款？这直不能以数目计！

他辛辛苦苦的试验四年才把这个试验出来。谓其妻曰："如果这不是法国人发明，我真会气死了。"

此人是我们的模范，这是救国。我们要知道既然在大学内作大学生，所作何事？希望我们的同学朋友注意，我们的责任是在研究学术以贡献于国家社会。

没有科学，打战〔仗〕、革命都是不行的！

（1926年7月胡适在北京大学演讲，毛坤、李竞何记录，记录稿现存中国社会科学院近代史研究所）

中国书的收集法

王〔云五〕先生告诉我说，众位在这里研究图书馆学，每星期请专家来讲演。我这个人，可以说是不名一家。白话文是大家做的，不能说专家；整理国故，实在说不上家。所以我今天来讲，并不是以专家的资格。并且我今天所讲的，是书的问题。书这样东西，没有人可以说是专家的，是图书馆范围非常广博，尤其更不配说专家。我家里书很多，可是乱七八糟，没有方法去整理。当我要书的时候，我写信去说：我要的书是在进门左手第三行第三格。我的书只是凭记忆所及，胡乱的放着。但是近来几次的搬家，这个进门左手第几行第几格的方法，已经不适用了。现在我的书，有的在北平，有的在上海，有的在箱子里，有的在书架上。将来生活安定了，把所有的书集在一处布置起来，还须请众位替我帮忙整理。因为我是完全不懂方法的。

近来我在国内国外走走，同一些中国图书馆家谈谈，每每得到一个结论，就是：学图书馆的人很多，但是懂得书的人很少，学图书馆的人，学了分类管理就够了，于是大家研究分类，你有一个新的分类法，他有一个新的分类法，其实这个东西是不很重要的。尤其是小规模的图书馆。在小图书馆里，不得已的时候，只须用两种方法来分类：一是人名，一是书名就够了。图书馆的中心问题，是要懂得书。图书馆学中的检字方法，分类方法，管理方法，比较起来是很容易的。一个星期学几个星期练习，就可以毕业。但是必定要懂得书，才可以说是图书馆专家。叫化子弄猴子，有了猴子，才可以弄；舞棍，有了棍，才可以舞。分类法的本身是很抽象的。书很少，自然没有地方逞本事；有了书也要知道它的内容。这本Pasteur的传，应该放在什么地方？是化学家呢，还是生物学家，医学或卫生学，就彷徨无措。无论你的方法是如何周全精密，不懂得内容，是无从分类起的。图书馆学者，学了一个星期，实习了几个星期，这不过是门径。如果要把他做终身的事业，就要懂得书。懂得书，才可以买书、收书、鉴定书、分类书。众位将来去到各地服务的时候，我要提出一个警告，就是但懂得方法而不懂书是没有用的。你们的地位，只能做馆员，而不能做馆长的。

今天我所讲的，是怎样去收集书。收书是图书馆很重要的事。可是要收的，实在不少，有旧书，有新书，有外国书，有中国书。外国书自然是〔要〕懂得外国文字的，才有收的方法。如果不懂得外国文字，便是讲也没有用处的，要懂书，有三个重要的办法：（一）爱书，把书当做心爱的东西，和守财奴爱钱一样。（二）读书，时时刻刻的读，继续不断的读。唯有读书才能懂书。最低的限度也要常常去看。（三）多开生路。生路多了自然会活泛。因此外国语不能不懂。一日语，二英语，三法语，四德语，五俄语，能多懂了一种，便多了一种的好处。生路开的多了，才能讲收书，无论新的，旧的，中国的，外国的，都得知道他的内容，这样，便是分类也有了办法。

我今天的题目是"中国书的收集法"。吴稚晖先生这几年来常说中国的线装书，都应该丢到毛厕里去。这句话在精神上是很可赞成的。因为在现在的中国，的确该提倡些物质文明，无用的书可以丢掉，但是他安顿线装书的法子，实在不好。毛厕不是摆书的好地方，而且太不卫生。所以我提议把线装书一起收集起来，放到图书馆里去。所谓束之高阁。整理好了，备而不用，随时由专门学者去研究参考。那么中国书当如何收集呢？从前收集中国书，最容易犯两个大毛病：一是古董家的收集法，一是理学家的收集法。

古董家的收集法，是专讲版本的，比方藏书，大家知道北平的藏书大家傅沅叔先生。他收书,就不收明朝嘉靖以后的书。清朝的书,虽也收一点,但只限康熙、雍正、乾隆三朝的精刻本。亦有些人更进一步非宋不收,而且只限于北宋;他们以为北宋版是初刻本,当然更好。不论是那一种书,只要是宋版,便要收藏。因此这一类书,价钱就很贵。譬如《资治通鉴》,是一部极平常的史书,什么地方都可以买,好古的收藏家,如果遇见宋刻的《资治通鉴》,都千方百计的要弄到他,就是化三千五千一万两万而得到一部不完整的本子,也是愿意的。现在刚刻出来的一本《宋刑统》这一部书,包括宋朝一代的政治法令,本来没有人注意到。大理院刻了这部书,在历史上很占重要的地位,可是古董式的收藏家,他不肯化数十块钱去买一部《宋刑统》却肯花三千五千一万两万买不完整的宋刻《资治通鉴》。拿这种态度收书,有许多毛病:(一)太奢侈,用极贵的价钱收极平常的书,太不合算,诸位将来都是到各地去办小规模的图书馆的,这种图书馆当然没有钱做这样的事情。便是有钱我以为也不必的。(二)范围太窄。譬如说,明朝嘉靖以后的书,一概不收。清朝本子刻得好的,才收一点。他们收的书,都是破铜烂铁,用处实在很少,只有古董的价值,完全没有历史的眼光。惟有给学者作校刊旧本之用。比方一部宋版的《资治通鉴》,他因为刻得最早,比较的错误的可能性少一点。

如果用他去校刻旁的版本，当然有许多利益。诸位写一篇千字的文章，自己初抄的时候，抄错一个字，可是给人家第二次抄录的时候，就错了两个字。这样以讹传讹，也许会错到五六字十余字的。如果把原本对照，就可以改正好多。所以买旧本的用处，至多只有供校刊学者的校刊而已。如果要使人知道古书是怎么样子的，那么说句干脆话，还不如交给博物院去保存的好，而且严格的说一句，宋本古本不一定是好的。我们一百年来晓得校刊本子不在乎古而在乎精。比方ABC三个本子。在宋朝时候据A本校刊成为D本便称宋版。而E本呢，是收ABC三本参考校刊而成的可说是明本，这样看来，明本也许比宋本精粹些，说明如左〔下〕：

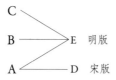

理学家的收集法，是完全用理学家的眼光来收书的。这一种收集法比古董家还不好。古董家的眼光，如果这本书是古的他就收去，比方《四部丛刊》中的太平乐府是刻得很坏的，这里面的东西，都是元朝堂子里的姑娘所唱的小曲子，经杨朝云编在一处，才保存到现在。如果撞在道学家手里，早不知到什么地方去了，古董家因为看见他难得，所以把他收进去，使我们晓得元朝的小曲子，是一种什么样子的东西。董康先生翻刻的《五代史平话》，原是极破烂的一本书，但是因为古的关系，居然有人把他刻出来保全了这个书，这是第一种比第二种好的地方。还有一种好处，就是古董家虽然不懂这破烂的书，可是放着也好，要是用道学家的眼光收书，有很大的毛病。《四库全书》是一个很大的收集（collection）。但是清乾隆皇帝所颁的上谕，和提要中，口口声声说是要搜集有关世道人心的书。这我们查书中的几篇上谕，就可以知道。所以他小曲子不要，小学不要。他所收的，都是他认为与世道人心无妨碍的。拿这个标准收书，就去掉了不少不少有用的书。他的弊端很大：（一）门类太窄。《四库全书》是大半根据《永乐大典》集出来的。《永乐大典》的收集法，乱七八糟，什么书都收在里面。戏也有，词曲也有，小学也有，他的收法，是按韵排列的。譬如这部戏曲是微韵，就收入微韵里。可是到了清朝，那些学者的大臣，学者的皇帝，带上了道学家的幌子，把《永乐大典》中保存的许多有用的书，都去掉了。自此用道学的眼光收书，门类未免太狭。（二）因人废言。用道学家的眼光收书，常常因人的关系，去掉许多有用的书。比方明朝的严嵩，是当初很有名的文学家，诗文词赋，都占极高的地位，可是在道学家的眼光看来,他是一个大奸臣,因此《四库全书》中,便不收他的东西。又如姚广孝,是永乐皇帝——明成祖的功臣。他是一个和尚,诗文都好。但是他因为帮永乐篡位,所以他的作品也不被收,又像明末清初的吴梅村等,都是了不得的人材。三百年来,他的文字,要占极高的地位。不过因为他在明朝做了官,又在清朝做官,便叫他贰臣。他的作品,也就不能存在。(三)因辞废言。用道学家的眼光收书,对于人往往有成见。其实这是很可笑的,往往因文字上忌讳的缘故,把他的作品去掉,这是很不对的。譬如用国民党的眼光去排斥书,是有成见的。用共产党的眼光去排斥书,也是有成见的。同为某种事实而排斥某种书,都讲不过去的。《四库全书》中有许多书不予收入,而且另外刊入禁书目录,有些明朝末叶的书,有诋毁清朝的,都在销毁之列。因此用道学家的眼光收书,是很不对的。(四)门户之见太深。门户之见,道学家最免不掉。程朱之学与陆王之学,是互相排斥的,两者便格格不入。所以程朱的一流对于王学每认为异端拒而不收;王阳明的东西尚不肯收,那么等而下之,自然不必说了。王派对于朱学,也极口诋毁。至于佛家道家,也在排斥之列。《四库全书》关于道家的,完全没有放进去。在中国这学派门户之见实在很多,总而言之,门类太窄,因人废言,因辞废言,或者为了学派门户的成见,以批评人的眼光抹煞他的书，这样收书，就冤抑了许多有价值的书。如果在一百余年以前，他们的眼光，能放得大些，不要说把销毁的书保留起来，如能将禁书收进去，也可为我们保留了不少的材料。在那个时候，没有遭大乱，太平天国的乱事没有起，圆明园也没有烧毁，假如能放大眼光，是何等的好。可是因为中了这种种的毒，所以永远办不到。

今天我讲的，是第三种方法。这个方法，还没有相当的有名字，我叫他杂货店的收书法。明白的说，就是无书不收的收书法。不论甚么东西，如果是书，就一律都要。这个办法，并不是杜撰的，上次顾颉刚先生代表广州中山大学，拿了几万块钱出来收书，就是这样办法。人家笑话他，他还刊了一本小册说明他的方法。这书，王先生也许看见过。他到杭州、上海、苏州等处，到了一处，就通知旧书铺，叫他把所有的书，统统开个单子，就尽量的收下来。什么三字经，千字文，医书，和从前的朱卷都要。秀才的八股卷子也要，账簿也要，老太太写的不通的信稿子也要，小热昏，滩簧，算命书，看相书，甚至人家的押契，女儿的礼单，和丧事人家账房先生所开的单子如杠夫多少，旗伞多少，如何排场等的东西都要。摊头上印的很恶劣的唱本，画册，一应都收了来。人家以为宝贝的书，他却不收。他怕人家不了解，印了一个册子去说明，可是人家总当他是外行，是大傻子，被人笑煞。不过我今天同诸位谈谈，收集旧书，这个方法最好。他的好处在那里呢？(一) 把收书的范围扩大所谓无所不收。不管他是古，是今，是好版本，是坏版本，有价值，没有价值，统统收来，材料非常丰富。(二) 可免得自己来去取。不懂得书，要去选择，是多么麻烦的事。照这样子的收书，不管他阿猫阿狗，有价值，没有价值，一概都要。如果用主观来去取书，选择书，还是免不掉用新的道学家的眼光，来替代老的道学家的眼光。是最不妥当的事。(三) 保存无数的史料。比方人家大出丧，这个出丧单子，好像没有用处。但是你如果保存起来，也有不少的用途，在历史上，留下一个很好的记载。像虞洽卿先生的夫人死了，就有大规模的出丧，仪仗很盛。那时人家只看见了这样的出丧，却没有人去照相去详细记载。如果找到了虞先生的账房先生，要了那张单子，就知道他这次出丧多少排场，多少费用，给社会学者留下很好的材料。将来的人，也可以知道在中华民国十七年○月○日，上海○○人家，还有这样的大出丧。这种史料是再好不过的。(四) 所费少而所收多，譬如八股文现在看来是最没用的东西，简直和破纸一样，可以称斤的卖去；可是八股文这种东西，在中国五百年的历史上来占极重要的地位。几百万最高的阶级——所谓第一类人材的智识阶级，把他全部的精神，都放在里面，我们想想，这与五百年来学者极有关系的东西,是不是历史上最重要的材料;而且这个东西,再过十年八年,也许要没有了。现在费很少的钱,把他收了,将来价格一贵,就可不收。而且还可以一集二集的印出来卖钱,甚么成化啊,宏治啊,嘉靖啊式式都有。到没有的时候,也许会利市三倍呢。(五)偶然发现极好的材料。这种称斤的东西,里面常有不少的好材料。如果在几十斤几百斤破烂东西中,得到了一本好材料,所费的钱,已经很值得了。

有人问我,你不赞成古董家的收书法,又不赞成道学家的收书法,那么这个杂货店的收书法,原则是什么呢?当然杂货店不能称是原则,他的原则是用历史家的眼光来收书。从前绍兴人章学诚,(实斋)他说:"六经皆史也。"人家当初,都不相信他,以为是谬论。用现在的眼光来看这句话,其实还幼稚得很。我们可以说:"一切的书籍,都是历史的材料。"中国书向来分为经史子集四类,经不过是总集而已。章学诚已认他是史。史当然是历史。所谓集,是个人思想的集体,究其实,也渊源于史,所以是一种史料。子和集,性质相同,譬如《庄子》、《墨子》,就是庄子、墨子的文集,亦是史料。所以大概研究哲学史,就到子书里去找。这样看来,一切的书,的确是历史的材料。

虞洽卿家里的礼单是历史,算命单也是历史。某某人到某某地方算命,就表示在民国〇年〇月〇日还有人算命。是很好的一种社会历史和思想史料,《三字经》和《百家姓》,好像没有用了,其实都是史料。假如我做一部中国教育史,《三字经》和《百家姓》,就占一个很重要的地位,必须研究他从什么时候起的,他的势力是怎么样。又像描红的小格子,从前卖一个小钱一张,他在什么时候起的,什么时候止的,都是教育史上的好材料,因为从前读书,差不多都写这种字的。从前有某某图书馆征求民国以前的《三字经》刻本,都没有征求到,可知道这种东西到了没有的时候,是极可贵的。我小时候读书,把南京李广明记的很熟,因为所读的《三字经》《千字文》《百家姓》和《学而》——《论语》首章等,都是从李广明来的。李广明在教育史上,也有一个相当的地位,此外如《幼学琼林》啊,《神童诗》啊,《千家诗》啊,都是教育史料。至于八股文乃是最重要的文学史料,教育史料,思想史料,哲学史料。所谓滩簧、唱本、小热昏,也是文学史料,可以代表一个时代的平民文字〔学〕。诸位要知道文学中最重要的一部分,乃是大多数人最喜欢唱,喜欢念,喜欢做的东西。还有看相的书,同道士先生画的符,念的咒,都是极好的社会史料,和宗教史料,思想史料。婚姻礼单,又是经济史料和社会史料。讲到账簿可以说是经济史料。比方你们要研究一个时代的生计,如果有这种东西做参考,才能有所依据,得到正确的答案。英国有人(Rojers)

专门研究麦价，便是到各地去专找账簿。麦子在某年是多少钱一担？价格的变迁如何？农家的出产多少如何？他是专门搜集农家教堂和公共机关的账簿来比较研究的。这种种的东西，都是极有价值的社会经济史料。我记得我十岁十一岁时记账，豆腐只是三个小钱一块。现在拿账簿一看，总得三个铜板一块，在这短短的时期中，竟增加到十倍。数十年后，如果没有这种新材料，那里还会知道当时经济的情况。倘使你有关于和尚庙尼姑庵等上吊的新材料，你也可收集起来。因为这是社会风俗史的一部。人〔们〕能用这种眼光来看书，无论他是有无道理，都一概收集，才是真正收书家的态度，我们研究历史，高明的固然要研究；就是认为下流的，也要研究；才能确切知道一时代的真象。高明到什么地步？下流到什么地步？都要切切实实的研究一下。

谈到文学，杜工部、李太白的诗，固然是历史上的重要文学，应该懂的；然而当时老百姓的文学，也占同一的地位，所以也必须懂得。李杜的东西，只能代表一般贵族的历史，并不能说含有充分的平民历史；老百姓自己的东西才是真正的平民历史。《金瓶梅》这一部书，大家以为淫书，在禁止之列，其实也是极好的历史材料。日本的佛教大学，还把他当作课本呢，这个就可见他有历史的眼光。《金瓶梅》是代表明代中叶到晚年一个小小的贵族的一种情形，譬如书中的主人,有一个大老婆五个小老婆,还有许多姘头,一家的内幕,是如此如此,如果没有这种书,怎么能知道当时社会上一般的情况。此外如《醒世姻缘》小说,不但可以做当时家庭生活的材料,还可知道从前小孩子怎样上学堂,如何开笔做八股文,都是应该知道的事;要有种种材料给我们参考,我们才能了然于胸中。因此我们的确应当知道,王阳明讲些什么学说,而同时《金瓶梅》中的东西亦应当知道的。因为王阳明和《金瓶梅》同是代表十五世纪到十六世纪一般的情形,在历史上,有同样的价值。无论是破铜烂铁,竹头木屑,好的坏的,一起都收,要知道历史是整个的,无论那一方面缺了,便不成整个。少了《金瓶梅》,知道王阳明,不能说是知道十六世纪的历史;知道《金瓶梅》,去掉王阳明,也不能说是知道十六世纪的历史。因此《圣谕广训》是史料,《品花宝鉴》也是史料,因为他讲清朝一种男娼的风气,两者缺了一点,就不能算完全。我们还要知道历史是继续不断的变迁的,要懂的他变迁的痕迹,更不能不晓得整个的历史是怎样。拿最近的事情说,国民党容共时代所出的公文布告标语,他的重要与分共时代所出的标语公文布告占同一的地位。而且你们如果不懂容共时代的东西,也断不能懂得现在的东西。

材料不在乎好坏,只要肯收集,总是有用处的。比方甘肃敦煌石室里的破烂东西，都是零落不全的，现在大家都当他宝贝，用照像版珂罗版印了几页，要卖八元，九元，二十元的钱。我们到北京去，也得看见一点敦煌石室中的东西。敦煌石室中的东西，是甘肃敦煌县东南的一个石窟（叫做莫高窟）里所藏的书。敦煌那个地方有一个千佛洞，在佛教最盛的时候，有二三百座庙，石室里都是壁画，大概是唐人的手笔；亦有六朝晋朝时候的壁画。因为北方天气干燥，所以都没有坏。有一个庙是专为藏书用的。当初没有刻本，只有写本。有的是蝇头细楷，有的是草字，差不多式式都有。其中佛经最多，亦有雕本，恐怕是世界上最早的了。这里面有和尚教徒弟的经卷，有和尚念的经咒，女人们刺血写的符箓，和尚的伙食账簿，小和尚的写字本子，和唱本小调，就是敦煌府的公文，也留在里面。有许多书，有年代可考，大概在西历纪元五百年起，到一千一百十年的光景——东晋到宋真宗时。这许多年代中，有很多的材料，都不断的保存在这个和尚庙里。到了北宋初年，那里起了战乱，和尚们恐怕烧掉，就筑了墙，把一应文件都封在中间。大概打仗很久，和尚们死的死，逃的逃，从宋真宗时封起，一直到清末庚子年，墙坏了，就修理修理，也不知道中间有什么东西。直到庚子年——西历1900年，一个道士偶然发现石室中的藏书，才破了这个秘密。可是这个道士也不当他是宝贝，把他当符箓来卖钱,说是可以治病的。什么人头痛就买一张烧了灰吃下去,说是可以医头痛;什么人脚痛,也买一张烧了灰吃下去,说是可以医脚痛。这样卖了七八年,到了1907年,才有洋鬼子来了。那是英国的史坦因(Stein),他从中亚细亚来,是往北探险去的。他并没有中国的学问,据说他有一个助手王世庭,学问也并不高明,不过他曾听见在敦煌发现了许多东西,就去看看,随便给他多少钱买了大半去。因为不好拿,就捆了几大捆,装着走了。过了半年那是1908年,法国学者伯希和(Pelliot)来了,他是有名的学问家,他的中国学问,恐怕中国学者,也不能及他。不过伯希和(Pelliot)很穷,只能够在敦煌选了二千多卷,拿到北京,他是很诚实的,还去问问人家,请教人家,于是大家就知道了敦煌有这个东西。清朝的学部也得了这个消息,就打电报给陕甘总督,叫他把所有石室里的东西,统统封好了,送到京师图书馆里去。那些官员,到这个时候,才知道他是宝贝;因为外人都买了装回本国去,朝廷又要他封送晋京,于是拣完整的字迹端秀的几卷,大家偷了去送人,所以偷掉的也不少,现在存在北京的,还有八千余卷。从东晋到宋朝初年,六百年间,许多史料,都保存在里头,真是无价之宝,现在六千余卷在英国伦敦,二千余卷在法国巴黎,八千余卷在北平,一共在一万八千卷左右,我都去看过,在英国、法国的数千卷，那真可爱。他们都用极薄极薄的纸，把他裱起来，装订成册；便是残破了的一角，或是扯下的一个字，也统统裱好了，藏在一处。他的内容说来很可笑，我刚才说过，小和尚的写字本子，老和尚念的经卷，和女师太刺血写的东西，样样都有。有些和尚们，在念经的时候忽然春心发动，便胡乱写一首十八摸，哼几句情诗，也都丢在里面。各种材料，差不多都有一点。此外如七字的唱本，像《天雨花》，《笔生花》一类的东西，唐朝已经有了。我们只知后代才有，那里知道敦煌石室里面，已有这个东西，可以说是唱本的老祖宗。这在文学史上，是多么重要的好材料。这不但使我们知道六百年前的宗教史事，就是我们要研究佛家哲学经济思想之等等许多史料，都可到里面去找，在那时很不经意的，乱七八糟杂货店式的把东西丢在一处，不料到九百年后，成了你争我夺的宝贝，这是此种收书的很好的证据。

　　因此诸位如果有心去收，破铜烂铁，都有用处，我们知道我们凭个人的主观去选择各书是最容易错误的。这个要那个不要，借自己的爱憎来定去取，是最不对的，我们恨滩簧小调，然而滩簧小调在整个的文学上，也占极重要的地位。孔子是道学家，可是他删诗而不删掉极淫乱的作品，正可充分表现他有远大的目光，《诗经》中有两章如下：

子惠思我，褰裳涉溱；子不我思，岂会他人？狂童之狂也且！

子惠思我，褰裳涉洧；子不我思，岂无他士？狂童之狂也且！

淫乱到了极点，像这首诗，他怀想所欢，竟愿渡河以从，并且是人尽可夫。可是孔子并不删去，否则我们现在要得二三千年以上的材料时，试问到那里去找。孔子收书，因为有这种态度，这种眼光，所以为中国，为全世界，保存了最古，最美，最有价值的文学史料，社会史料，宗教史料，政治史料。假如一有成见，还会有这样的成功么？现在流行市面的小报很多，什么叽哩咕罗，噜哩噜苏，《福尔摩斯》，《晶报》，《大晶报》等，五花八门，为一般人所鄙弃的，可是他们也有他们的用处。我们如果有心收集起来，都是将来极好的文学史料，社会史料。要是在十年二十年后，再要去找一个叽哩咕罗，或是噜哩噜苏也许没法得到。我能把他保存起来，十年二十年后，人家要一个叽哩咕罗，要一个噜哩噜苏，我就可以供给他们，借此能知道民国十七年，上海社会上一般的情形是怎么样。当《申报》五十年纪念的时候，他们出一部纪念册，可是《申报》馆竟没有一份全份的《申报》。于是登报征求。结果全中国只有一个人有这么一份，《申报》馆愿意出很多的钱去收买，结果是二万块钱买了来。照我这样，觉得二十万块钱都值得，以中国之大，或者说是以世界之大，而只有一份不缺的《申报》，你想是多么可贵呢，所以现在看为极平常而可以随手弃掉的东西，你如果有一个思想，觉得他是二十年后二千年后的重要史料，设法保存起来，这些东西，就弥觉可珍了。

我们收集图书，必须有这种历史的眼光，个人的眼光有限，所有的意见，也许是错误的，人家看为有价值的，我以为无价值；人家看为无价值的，我以为有价值，这种事情很多。我们收书，不能不顾到。所以（一）要认定我们个人的眼光和意见是有限的，有错误的。（二）要知道今天看为平常容易得的东西，明天就没有，后天也许成了古董，假如我们能存这个观念，拿历史的眼光来收书，就是要每天看后的报纸，也都觉得可贵的。

讲到这里，诸位对我所说的，也许有一点怀疑，以为照这样说来，不是博而寡要了么？可是我觉得图书馆是应当要博的，而且从博这个字上，也会自然而然的走到精密的路上去。收文学书的，他从文学上的重要材料起，一直到滩簧小热昏为止，件件都收。或者竟专力于文学中的一部；从专中求博，也未尝不可。有一位陶兰泉先生，绰号叫陶开化，他收书什么都收。但只限于殿版开化纸的书，因此得了这个陶开化的名称，正是博中寓专。因此第一步是博，第二步是由博而专，这也是自然而然的趋向，大概到专，亦有三个缘故，（一）是天才的发展，（二）是个人嗜好，（三）是环境上的便利。有这三个缘故，自然会走上专门的路，诸位都知道欧洲的北边，有一个小岛，叫冰岛（Iceland），那里许多的文学材料，再不能到冰岛去找，全世界只有我的母校康奈尔大学有这完全的冰岛文学史料，康奈尔图书馆所著名的，也就是这一点。因为当初冰岛上有人专门收集这全部的材料，后来捐给康奈尔，并又斥资再由康奈尔到冰岛去搜集，因此我的母校，就以冰岛文学著名于全世界。这种无所不收的材料，实在有非常的价值，非常的用处。

今天我讲书的收集法，是极端主张要博，再从博而专门，古董家和道学家的方法，是绝对要不得的，这不过一个大概，神而明之，存乎其人，详细的办法，还须诸位自己去研究。

（本文为1928年7月31日胡适在上海东方图书馆主办的图书馆暑期补习班上的演讲，原载1934年4月30日《中华图书馆协会会报》第9卷第5期）

新文化运动与教育问题

各位朋友,十几年来我想来广东一游,都没有机会。十七年前我由外国回来,便想到粤。有一次广州中山大学当局请我去讲学,想来了,又因共乱一阻,便不果行。后来有一次买了铁行邮船公司的船票,也因为别事阻挡,把船票都取消。直到现在才有机会来到香港与各位会面,觉得非常高兴,现在听闻各位能够懂得我的话(国语),尤为欢喜。

但是刚才陈先生说我是教育界的导师,是完全错的。我对于教育还是一个门外汉,并没有专门的研究。不过,我们讲文学革命,提倡用语体文,这些问题,时常与教育问题发生了关系。也往往我们可以看到的问题,而在教育专门家反会看不到的。故如说我是喜欢和教育界谈教育问题的则可,谓为导师便不对。我对于香港教育还不大清楚,实在不配谈香港教育,但是我可以说香港是一个办学的地方,像北平中小学教育经费欠到二十一个月，就是广州小学教员也欠薪几个月，在这样的情形之下，谁也办不好的。但是香港教育界这种情形绝少，因为它是商业发达，经济充裕的地方，这几年来无论怎么的萧条，总比较北平欠二十一个月薪，广州欠几个月薪的好得多，这样若不能办得好的教育，香港就对不起香港了。

再其次，办教育，治安问题很要紧。比方在北方，日本的飞机天天在校顶飞过，叫谁也不能安心办学，就是你不走，学生也走了。怎么办呢？但是香港便没有这种危险，在这样好的环境下，香港的教育是应该发达的。我说东亚大陆有一个地方可以办强迫教育、普及教育的，便是香港。因为香港这地方有钱，治安也好，可接近外人，可借镜的地方很多。中国办新教育已经有三十多年了，却没有一个地方能够做得到。办普及义务强迫教育，我以为香港是有这资格的，故此我说它是东亚大陆上一个办义务教育的地方。近据报载，中央政府拟在南京办义务普及教育，我想香港可以和它争光的，希望诸位教育界领袖，向着这个目标迈进。

我此次南来，不单纯来接受港大的学位，实在很想乘这机会，对南方的教育文化考察一下。现在广东很多人反对用语体文，主张用古文，不但古文，而且还提倡读经书。我真不懂，因为广州是革命策源地，为什么别的地方已经风起云涌了，而革命策源地的广东反而守旧如此！

我这回来香港，逗留了几天，细加考察，便有所悟。我觉得一个地方的文化传到它的殖民地或边境，本地方已经变了，而边境或殖民地仍是保留着它祖宗的遗物。广东自古是中国的殖民地，中原的文化许多都变了，而在广东尚留着，像现在的广东音是最古的，我现在说的才是新的。又比方我们的祖宗是席地而坐的，但后来我们坐椅子了，这种席地而坐的习惯传到日本，至今仍是一样。又比方英话传到美国，现在本来的英语都变音了，而美国却能保留着，如Clerk（书记），英语现读Clark音，不知美音才是对的。又如翰林或状元，在广东觉得很了不得，民间要题几个字，不惜费许多金钱来找一个状元或翰林来题，在北方并不如是重要，因为在广东翰林是很难得的缘故。在边境或殖民地的人，对于娘处来的东西，都想设法去保持它，说是祖宗的遗物。但是，我们应该晓得，祖宗之所以遗给我们是在乎应用的，比方"灯"是祖宗遗下来的，然而我们现在用电灯了。这是祖宗的吗？从前我们用人力车，现在则用电车或汽车，难道"车""灯"可以变化，思想文化便不可以吗？所以，我第一希望香港能实现为第一个义务教育的地方，新的领袖，尤其要接受新的文化，做新文化运动的领导者，以和平的手段转移守旧势力，使香港成为南方新文化中心。

听说香港教育很发达，单是教员已经有三千多，不能谓不发达。但我们要知道教育的基础是很重要的，前两月汪院长无线电报告廿三年教育成绩，据说廿三年度小学教育比前增四倍，中学增十倍，大学增一百倍，在量看来很发达了，但试想这样的进步是没有基础的。因为大学、中学要学费，许多人没有资格升学，不该升学的，都凭借他的金钱或面子进去了，有天才的学生许多还没有入学的机会。照理大学教育增一百倍，小学该增至二万倍，这样才有教育的基础，有天才的人才有抬头的机会，所以非做到义务教育、强迫教育不行。

现在我国的教育是办不好的。一个小孩在小学念了六年书，毕了业回到家中，穿起一件长衫，便不屑助哥哥做木工，帮爸爸种田了，他说自己是学生了，特殊阶级了。假使阿猫的儿子或阿狗的儿子，都给他念书，由小学毕业出来，人人都是特殊阶级，那就没有特殊了。

教育的药没有什么，就是多给他教育，不能因为有毛病就不教育，有毛病更应该多教育。然而，我觉得中国现在还谈不到教育毛病问题，教育有两种方法：一是普及，一是提高。把它普及了，又要把它提高，这样的教育才有稳固的基础。

香港是一个商业的地方，做商人的或许没有顾及教育或文化的问题，老一辈的也想保守着旧有的，统治阶级也不一定对新文化表同情。然而现在不同了,香港最高级教育当局也想改进中国的文化。香港大学文学院从前是没有人注意的,最近他叫我计划发展。但是我不懂的,已经介绍两位教育家给他了,这是很好的象征。诸位新领袖,应该把着这新的转机推进这新的运动,我希望下次来港各位有新的成绩报告,这地方美极了,各位应该把它做成南方的文化中心。

我没有什么话说,将来各位有问题,想和我研究的,请寄北京大学,我可以答的则答,我不懂的则请专家代答,完了。

(本文为1935年1月6日胡适在香港应华侨教育会邀请在港侨中学的演讲,原载1935年1月16日天津《大公报》)

在北大开学典礼会上的讲话

教务方面的事大都已由校长报告过了,我此刻只提出较为重要的两点来对诸位说一说:

(1)考试制度

以前每次开学的时候,我常对于校内的考试制度表示不满意。外界有人说:北大是一道很高的门限,很难爬进来,很容易跨出去。这确是实在的情况。像今年一样,报考的有三千人,只取了三百人,进来是很不容易;但年来因有种种的风潮,学校的生命几致不能维持,故考试不严,纪律也很难照顾得周到,学生修业年限满了,很容易的就毕业出去了,所以去年、前年我常说要严格考试。

这一年来,因去年开学时教职员曾宣言:校中经费如何困难,教职员决不罢课,故能勉强支持,未曾再有罢课的风潮。今年夏季虽因直奉战争提前考试,但总算考了。这一次考试本预科不及格的，竟有一百七八十人之多，可见这一次虽提前考试，也不能说是不严格的了。当时本想行会考制的，因事前未能预备，故不及举行。六月内校中开评议会，通过了新的考试制度，在日刊上发表，诸位都想看见，其中有二重要之点，再提出来说一说：（一）预科无本班教员考试，概归考试委员会，预科委员会，会同考验。试卷均密封分给教员阅，考试的范围不一定限于书本上的，是要考查学生在那一级应有的程度。(二)本科当举行考试时，临时组织分科考试委员会，共同负考试之责，交换考试。以后要求范围等事，一概可以免除。这种会考的制度，今年一定实行的；在本年的开始预先向诸位说一声，可以早早准备。

（2）设备

第二院的设备，诸位都已看见，和暑前迥然不同了。这全是理科的几位教员牺牲了一暑天的功夫弄成这样的。夏天我们在休息的时候，他们是在督工，是在为大家做事，这是很可以给我们许多鼓舞的。有这样的精神做去，设备一定能逐渐完备。此刻看到到会的人这样拥挤，可知有建筑大会堂和大图书馆的需要，这种需要是立刻要筹备的。明年是吾校二十五周年纪念，本应该谋极大的发展，但照目前全国的经济情形，这事怕难实行。但这次二院，只化费了三千余元已整理得焕然一新。如果全校的人都能有这几位教员的牺牲精神，明年要图书馆，就可有图书馆，要大会堂，就会有大会堂。

以上是我所要报告的两点。于报告之外，我个人还有许多感想，但今天不是我发布个人感想的时候，只好挑出一个来说。我刚才说起北大的门限很高；外界人又说我们是学阀。我想要做学阀，必须造成像军阀、财阀一样的可怕的有用的势力，能在人民的思想上发生重大的影响；如其仅仅是做门限是无用的。所以一方面要做蔡校长所说有为知识而求知识的精神，一方面又要造成有实力的为中国造历史，为文化开新纪元的学阀；这才真是我们理想的目的。

（本文为1921年10月11日胡适在北京大学开学典礼会上的演讲，讲话提要记录稿现存中国社会科学院近代史所）

在北大成立二十五周年
纪念会上的讲话

今天是北京大学成立第二十五年的纪念日，我于当然的庆祝以外还有一种自私的快乐。今天也是我个人的生日。况且去年大学纪念日及我个人三十岁生日纪念完以后，那天晚上我又得一个儿子。所以今天在我个人有三种庆祝：我自己，我的二十四岁的小兄弟北大及我的一岁的小朋友——儿子。

但是同时有一件小的不幸，就是我近来病了。每夜两点钟以后便不能安睡。稍为做一点事，腰背便疼痛，不能支持。据中西医生的诊断都说是因为过于劳苦所致。现在我已向校中告假一年，假期即从今天起，到明年秋天开学时回校。这件事已蒙蔡先生允准了，所以我要同诸君作八九个月的小别。

因此我今天很有一点感触，觉得个人的生命和健康是不定的，只有团体——大我——的生命和健康是长久的继续不断的。然而北京大学的生命始终还是保存着,并且不断的向前生长。所以我们对于他应该有许多的希望。这几年来组织上很有进步,学校的基础也日趋稳固。所最惭愧的是在学术上太缺乏真实的贡献。我在今天《北大日刊纪念刊》上《回顾与反省》一文里,引了近代诗人龚定庵"但开风气不为师"一句话,我说,这话只可为个人说,而不可为一个国立的大学说。国立的大学不但要开风气,也是应该立志做大众师表的。近数年来,北大在"开风气"这方面总算已经有了成绩;现在我们的努力应该注重在使北大做到"又开风气又为师"的地位。

诸位看着这边出版品展览部所陈列的报章杂志及书籍三百多种,总算是本校同人在近年中国著作界的贡献了,但是究竟有多少真正的学术上的价值!依据中国学术界的环境和历史,我们不敢奢望这个时候在自然科学上有世界的贡献,但我个人以为至少在社会科学上应该有世界的贡献。诸位只要到那边历史展览部一看,便可知道中国社会科学材料的丰富。我们只是三四个月工作的结果,就有这许多成绩可以给社会看了。这两部展览,一边是百分之九十九的裨贩,一边是整理国故的小小的起头。看了这边使我们惭愧,看了那边使我们增加许多希望和勇气。

我们有了几千年的历史、思想、宗教、美术、政治、法制、经济的材料；这些材料都在那里等候我们的整理；这个无尽宝藏正在等候我们去开掘。我们不可错过这种好机会；我们不可不认清我们"最易为力而又最有效果"的努力方向。我现在不能多说话，就此同诸位暂时告别。

（本文为1922年12月17日胡适在北京大学成立二十五周年纪念会上的演讲，陈政记录，原载1922年12月23日《北京大学日刊》）

在北大开学典礼上的致词

北京大学,昨(10日)晨10时在国会街该校第四院,举行开学典礼。由胡适亲自主持,到各院系主任、教授三十余人,同学约二千人。胡氏即席致辞,略称:

北京大学到现在整整四十八岁,其间因受国家多难的影响,致未能尽量发展,间有受军阀压迫中途停顿之事。现可略分六个阶段来讲。第一个阶段是从创办起至民五止,可谓"开办时期"。那时还叫京师大学堂,一般人讽刺叫他"官僚养成所"。可是革命运动的酝酿,和革命者的活动,仍以北大为中心,也颇能以引起政府的注意。第二时期自民五至民十六国民革命北伐期间,可称为"革新时期"。那时是蔡元培先生长校,如"五四"运动,文学革命,思想革新,都是北大领导的。不过那时候仍深感人才的缺乏。不过在理法科方面，已经誉满全国了。现在想起来，总觉有些虚名太大，名不副实之感。第三时期自民十七至民二十年，称之为"过渡时期"。因北伐虽成功，军阀势力仍存在，北大在这时，颇遭歧视，所以在民十七时，曾一度改为北平大学的一个学院。第四时期自二十年以后。中外人士一致主张恢复北大，敦请蒋梦麟先生主持。现在北大能有这样规模，都是那时蒋氏所筹划的。所以这个时期，可称为"中兴时期"。蒋氏自担任恢复北大后，经九个月的筹备，在民二十年九月十七日开学。延聘全国有名学术界名宿，故开学后，立刻恢复以前的校誉。可是开学的第二天，东北九一八事变发动，日本揭开了侵略的真面具。从此平津地区师生都预感失掉了安心读书的机会。所以自蒋氏长校后至"七七"事变，虽然北大中兴时期，亦为最困难时期。不过虽然处在这样环境中，北大仍借中华教育基金的一笔巨款，建筑了宿舍、地质馆和图书馆等。所以在此时期，困难固然最大，工作也最多。自抗战后，北大迁至后方，先到长沙，旋即迁昆明。由北大、清华、南开三校，合组西南联大，这时三校师生的确"合作团结"，本着礼让精神，联大继续了八年——在抗战期中联大一校继续合作延续了八年。大家虽在极艰苦的环境中，仍继续作学术上的研究，教育上的努力。那时西南联大的校长是张伯苓先生。这一阶段，叫他作"流亡时期"。自抗战胜利后，合并了临大。现在的北大是新北大；"大"的北大人数：联大分发的709人，临大1562人，新生458人，工学院北平区新生92人，七考区先修班686人，共3507人，加上医学院试读生7人，总计3514人。还有沈阳等地招生，今年度北大为4000人的大学。学院增加农医工三院，学生增加三倍。北大不作梦想，不作太高的理想，免得被人认为夸大。但是精神的财产有蔡蒋两校长的三十年自由研究的风气，独立研究的风气，八年来军训教官白雄远先生为敌所执，不屈不挠的精神，以及一些老职员不顾困苦和危险保护了北大的精神财产，现在已为新北大了。希望教授同学都能在学术思想，文化上尽最大的努力作最大的贡献。把北大作成一个像样的大学，更希望同学都能"独立研究"，不以他人的思想为思想，他人的信仰为信仰。

希望学校没有党派

至自由研究是北大一贯的作风。"自由"是学校给予师生的。"独立"则为创造的。要独立不依傍门户，利用眼耳脑。最后胡氏谈到，他是无党无派的人。希望学校完全没有党派。但对学生先生的政治宗教的信仰不限制，那是自由。只有一个前提就是学生要将学校当作学校，学校将学生当作学生。北大不愿学生教授在这里有政治活动，因为学校是做学问的地方，学作人作事的地方。胡氏最后乃用"活到老学不了"，这句土语和吕祖谦的"善未易明，理未易察"勉励诸生。

（本文为1946年10月10日胡适在北大开学典礼上的致词，原载1946年10月11日《经世日报》，原题"北大开学典礼胡校长致词"）

在北大工学院四十四周年
纪念会上的讲话

学工的比我们作过外交官的还客气,所以应该向工程师学一点客气。今年夏天,我和校友等谈过,校友什么时候回来,我们北大绝对欢迎。校庆会最好由校友作主体,学校乐意给以种种便利。12日我到南京去以前,便给马院长写了一封信,因为记错了日期认为是11月21日,我不可能赶回来,便请转告校友们早日筹备。可是我昨天才回来,而且有机会又来参加,很是高兴。

今夏在南京,北平大学农学院校友代表曾来看我,愿与北大校友会取得联系,并准许加入。于是我写了一封信给南京北大校友会主持人,欢迎参加。这次到南京去听说已有不少平大校友参加了。北大整个的校庆日是在12月17日。当然平大校友们如愿参加,我们也是欢迎的,都是国家的学堂,当然联系越亲密越好。北平工学院的历史很长,已有了四十四年,而且从一个专门工业学校,发展到变为北京大学的一部分。在今年8月以前,虽经过几次改名字,还不要紧。我在南京对政大同学讲演,便告诉他们说名字没有关系,怎样改也是国家的学堂,北平话有"我们"、"咱们"之分,如说"咱们",便像都包括在内,说"我们",好像就分出"你们"来了。所以,我说这学堂是"咱们的"学堂。

校友会在世界大学历史上的地位很重要,双十节六科学团体联合年会上,我讲过一个故事,我并且发问,为什么科学的研究不起于非洲、亚洲,而起于欧洲呢?原因很多,可是我认为惟一正确的答案,是欧洲从中古以来,继续不断的有一千年历史的大学,如义大利的伯罗尼亚大学,法国的Paris大学,其他如有七八百年历史的英国Oxford大学,因闹风潮而分出来成立的Combridge大学等,在欧洲五百年以上历史的大学要有几十个。科学不是一个人的力量可以完成的,科学要继续不断的研究,从理论变成实验,从实验变成发现,这样继长增高,非以大学为中心不可。并且知识,学风,设备等一天天积累起来,才能成为科学研究中心。

为什么欧洲大学能这样长久继续下去呢?中国为什么不能?如北京大学,可说继承了太学而来,以公历纪元前124年为始,再加上1947年,这可说是已有两千一百多年的历史了。但是为什么北大不能说有两千多年的历史，而说有四十九年历史？为什么中国最老的大学如北洋大学只有五十一年历史？中国古代私立书院，在一千多年前五代到北宋之间，已有了四大书院，可是为什么不能继续到今日？为什么欧洲书院能Continue这么久？而我们却不能？我的答案，根据历史看，欧洲大学不是政治制度的一部分，中国太学却是文官考试制度的一部门，太学博士是官，司业是官，祭酒也是官，出去作官，回来可以又当太学博士，也可以当司业，可是不久也会又出去作官，所以这制度受政治的牵涉太大，不能把学校看成是自己的学堂，或是"我们的"学堂，或是"咱们的"学堂。学生也认为学堂是一块敲门砖，毕业生对学校毫无感情。私立书院也是如此，所以，千年来我国大学没有固定的继续性。

欧洲大学的能以继续有两个因素：一个是主持财产的董事会，一个是终身任教职的教授会。前者，罗马教皇对大学主持者给一特许的Bull，因而保管财产成为一特许组织，固定的永久的专门的负责的来保持财产，好像保管自己的财产一样，使成为一个立案的法人或法团。这保管校产的团体叫董事会也好叫Cooperation也好。后者，教授以终身作教学的职务，对学校有一种责任和任务，一切得到了保障，这组成的团体，主要的是教授会。

这二者之外，另有一重要者，是起源于美国大学的Alumnus。这在大学发达史上有很大的力量，如哈佛大学《大学宪章》上规定，由本州省长及教会参加董事会，后来遂演变到成为美国大学的一个组织，这是美国大学发达史上一重要的生产品，中国学校有校友会，首先起于与教会有关系的学校，或是和美国发生关系的学校，如清华大学虽非教会学校，可是在清华学堂时代却有美国式的风气，所以校友会受到了美国的影响。加拿大、英国等近三百年来，这Alumnus可说是高等教育史上一重要的产物。私立大学如普林斯顿，芝加哥等也都普遍的有了校友会了，美国先有私立大学，后有州立大学，后来美向西部移民，联合各州而成合众国，新开的省政府，便设立大学，这大学虽比不上私立的如有三百十一年历史的哈佛大学，及将近三百年的耶尔大学，可是邦立大学却胜过其他若干私立，因国家的力量是无限的，私立是有限的。这两种大学都设有校友会。如校友发了财捐巨款建造图书馆、实验室，可是这捐款却由校友指定，而不能移作别用，这样的捐款校长是不欢迎的。校长所欢迎的是每人五块钱的General Contribution。这样积少成多，可使学校经费复活。美各大学校友会每年选举代表，参加学校行政，不断和母校发生关系，把母校的事变成好似自己家里的事情一样，可以使母校有很大的发展。校友并且还要负责给母校选择人才，如那个学生的Football好，便介绍他去考自己的母校，如某学生算学或文教有天才，也拉入母校去。可是美国近来大笔捐款不会有成绩，因为政府征收所得税，每年总收入仅有百分之十五，可以免收税额捐作教育费，否则即要征税。故今后私立大学靠捐款已不易维持了。有了校友会，财产之掌理，人材之选择，非常重要，校友会是美国大学的大贡献，因此，不但大学能够继续，而且因此而能发展。

中国办纺织系，以北平工学院最早，已有三十多年历史。我这次在上海，有四位平工校友来看我，谈到应恢复纺织学系，替国家造就纺织人材，我答应了决定办。我今天很诚恳的欢迎大家，"咱们"同心协力来做成一个工业的最高研究中心。

（本文为1947年10月29日胡适在北大工学院四十四周年纪念会上的演讲，原载1947年10月30日北平《世界日报》）

在北京大学六十二周年校庆纪念会上的演说词

今天是北大六十二岁的校庆。同学们把我的生日连在一起，并且一再邀请，不好意思不来。我不想多说话，只带来三本已经发黄的小册子，提一部分向大家讲讲。这三本是《北大五十周年纪念特刊》、《北大五十周年纪念图书馆善本目录》、《北大历届校友录》。

北大五十周年校庆，是在民国三十七年十二月十七日，当时一切庆祝活动都已准备好了，可是却没有举行，因为那时北平已经成了围城。15日，我和几位教授与家里的人，就乘政府的飞机离开了北平。17日校庆日，炮弹已经打进了城，这是北大一个很严重的患难。

各位所看到的这本《北京大学五十周年纪念特刊》，前几页是图，图里不但包括过去的文学院、理学院、法学院，同时还有抗战以后成立的农学院、医学院、工学院。这些图片以下是纪念文字。第一篇是我的《北大五十周年》。以后便是各种展览会及实验室开放目录。再以后便是论文目录，包括理学院的二十篇，文学院的四十五篇，法学院的十五篇，医学院的三十一篇，农学院的十七篇，工学院的七篇。从这些论文中，我们可以充分的看到，那时正是北大在学术研究上的全盛时代。论文之后，便是特刊。特刊中有邹树文的《北京大学最早期的回忆》，俞月奎的《四十六年前我考进母校的经验》，齐如山的《同文馆》，冯友兰的《北大怀旧记》，熊十力的《纪念北大五十周年并为林宰平先生祝嘏》，罗常培的《七七事变后北大的残局》等多篇纪念文字。

有人问北大校庆为什么和我的生日同一天？我的生日是光绪十七年十一月十七日，后来我在签证处赴美留学时，一位王尔德博士替我翻成阳历的今天。至于北大校庆的日子，有几种说法：一说是从阴历翻成阳历的今天，但据邹树文那篇回忆中说，戊戌年设校之说不确，可能是庚子乱后，壬寅年恢复开学的纪念日。这篇文章和罗常培那篇《七七事变后北大的残局》，都是校史的重要资料。七七事变后，我在南京接受政府非正式的任务出国去，自南京搭船至汉口，转飞香港时，在九江途中给北大留守的郑毅生的一封信，也是北大校史的一份资料。

我们经过多少患难的人，今天在此纪念北大校庆纪念会，心里很难过。现在有许多大学在这里复校，为什么北大不复校？我常说，办一个第一流大学不是一件容易的事。一个学校是与人一样的，一个人做了许多事，最后还会死，但是他的精神仍是值得纪念的。我们要纪念北大，应当从精神上去纪念他，历史上去纪念他，百年千年之后，一样可以纪念他。要建立一个像十二年前、三十年前、四十年前的北大是不容易的，因此我们今天只有在精神上及痛苦的感情上去纪念北大。

（本文为1960年12月17日胡适在台北北大同学会举行的北大六十二周年校庆纪念会上的演讲，原载1960年12月18日台北《"中央"日报》、《新生报》）